がんばる！かぶ

6時間でわかる株の授業

シェアNo.1
投資情報誌
編集部が
こっそり教える

会社四季報編集部［編］

東洋経済新報社

食料品の詰め合わせとか優待券はうれしい！
おたのしみー
だし
不況でも伸びている会社はたくさんあるのね
安く買って高く売れば儲かる！

巻頭特集

1 株式投資で生活が変わる！

株式投資を始めると新しい世界が見えてきます。いい会社と思ったら、株主になってその会社を応援してみましょう。

安く買って高く売れば、その差で儲けることができます。そして、会社の利益が上がれば、配当というボーナスがもらえます。株主優待として、会社からプレゼントが定期的に届きます。

それだけではありません。身の回りのモノを思い浮かべてください。ほとんどが株式会社で作られているものではないでしょうか。世の中で役立つモノやサービスを提供している会社の株を買うということは、その会社の応援団となること。がんばる会社の株を買うということは、社会に役立つことなのです。

配当をもらう！
GAMBARU BANK
ATM
銀行預金ではありえない利回り!!
株主優待をもらう！
社会を見る目が変わったかも
海外動向にも敏感になるな
経済ニュースに強くなる！
がんばる会社の応援団になって社会に役立つ！
株主になるということは、
社会貢献！
がんばれ〜っかぶ〜
フレーフレー「かぶ」!!

に行こう！

株主総会に行こうっ！
株主総会…何かコワそう難しそうというイメージがありますが
株を持っている人なら誰でも参加できるのです。
私もっ
主に郵送で招集通知が届きます
キタキタ
ゆうびんです
中身は…
小冊子になっている招集通知
議決権行使書。
欠席の時は郵送やeメールでも返信可
さていよいよ総会当日。
この服でいいのかな
ドキドキ
どんな人がいるのかな
会場は普通のホールが多いのですが中にはどどんと両国国技館を借りる会社もあったりします
会社のカラーが出るわねぇ
服装もいろいろ。
定年した風の人
ラフなシャツ
主婦っぽい人
別に決まりはないのね
受付で議決権行使書と引き換えに出席票をもらうのですが、これまた各社ユニーク！
No.1919 出席票
何の変哲もないチケット風のもの
クリップ
クリップが付いているもの
出席票 No.1919
ホルダー付のもの
中には裏が食事券になっていてそのまま帰りの食事に利用できるものまであります。
良い会だった〜
ムグムグ
並
上
らっしゃいませ

巻頭特集 2

株主総会

まれにテレビで観るような紛糾する総会もありますが
ワー
荒れてるわね
基本的にはつつがなーく進行します
2012
…総会のお楽しみといえば日ごろもらえている株主優待とはまた別の楽しみが。
それは…
行った人しかもらえないオリジナルのおみやげ！
高級菓子
オリジナル図書カード
ロゴ入りグッズ
オリジナル製品
自社新製品
みそ
おみやげ目当ての人もいるんだって
ライヴイベントや
社長挨拶…
TVで観たことある!!
社長っ!!
もしかしたら評論家や個人投資家のあんな人、こんな人がいるかも……
会場
あの人は！
多くの人に来てほしいから土日に開催する魅力的な会社もあるんですって。
この日なら行けるぞ
株主総会に行ってみよう
さあ

巻頭特集 3

株主優待でトクする！

タダでディズニーランドに行けたり、飛行機に半額で乗れたりしたらうれしいですよね。

こうした株主優待制度がある会社はなんと1000社！　デパートやスーパーでは、クレジットカード保有者を上回る割引率のところも。いつも使うお店があったら、株主優待があるかどうか要チェック。毎日のお買い物がおトクにできるかもしれません。

また、株主限定の優待品、カタログギフト、クオカード、図書カードなどの優待もあります。

その他、クリーニング店、学習塾、美容院、衣料品メーカー、薬局、化粧品メーカーなどが自社商品やサービスを株主優待にしています。ほとんど優待で生活することも夢じゃないかも？

約1000社ある株主優待の一部を紹介します！

株主限定の優待品がもらえる会社

最低購入額
約5万円

タカラトミー（7867）

©Ludorum/フジテレビ

©Tatsunoko Production/
Kids Station・AGP

オリジナルトミカ、ガチャレール、プリズムストーン各1個
（1000株以上はオリジナルリカちゃん1体も）

自社商品の詰め合わせがもらえる会社

最低購入額
約17万円

カゴメ（2811）

新商品や株主限定商品など1000円相当の詰め合わせ
年2回！（1000株以上は3000円相当）

割引券がもらえる会社

最低購入額
約19万円

全日本空輸（9202）

片道1区間搭乗時普通運賃の
50%割引の優待券1枚、自社グループ優待券1冊　年2回！

食事券がもらえる会社

最低購入額
約10万円

吉野家ホールディングス（9861）

300円サービス券10枚　年2回！
（10株以上は20枚、20株以上は40枚）

テーマパークのチケットがもらえる会社

最低購入額
約94万円

オリエンタルランド（4661）

「東京ディズニーランド」または
「東京ディズニーシー」で利用可能な1デーパスポート1枚　年2回！

※最低購入額や優待内容は2012年7月時点のもの。全日本空輸の割引優待券とオリエンタルランドの1デーパスポートの枚数は保有株数に応じて異なる。

巻頭特集 4

配当+優待利回りでトクする!

株主になると配当をもらえる会社があります。会社が儲かったら、株主に利益の一部を分けてもらえるのです。前のページで見た株主優待と合わせて、配当も株式投資の楽しみの1つ。ここでは、配当＋株主優待の利回りを計算してみました。

いま、銀行預金では、ほとんど利子がつきませんが、配当＋株主優待の利回りは5％以上の銘柄がいっぱい！ 自分が使わない優待券でも、金券ショップやネットオークションで売ることだってできます。

予想配当利回りや配当＋優待利回りのランキングは『会社四季報』に掲載されています（本書47、50～51ページで使い方を詳しく説明しています）。

シダックス(4837)の場合

必要額 35,900円

今期予想配当利回り	+	優待	→	優待込み利回り
4.18%		7.31%		11.49%
[予想配当1500円]		[カラオケ割引券2625円分(525円券×5枚)]		

※2012年7月12日の終値359円、保有数100株で計算

厳選！　優待と配当でおいしい株

社名	今期予想配当利回り(%)	優待込み利回り(%)	必要額	優待内容
ワタミ (7522)	1.78	8.9	168,600円	優待券1枚500円券×12枚
イオン北海道 (7512)	1.92	8.79	36,400円	1000円お買い上げ毎に使える100円券×25枚
三光マーケティングフーズ (2762)	1.67	7.92	96,000円	優待券1000円券×3枚
吉野家ホールディングス (9861)	1.95	7.78	102,800円	優待券300円×10枚
カッパ・クリエイト (7421)	1.46	7.61	85,400円	優待券525円×10枚
西松屋チェーン (7545)	2.87	5.89	66,200円	1000円お買い上げ毎に使える100円券×10枚
マンダム (4917)	3.02	5.54	198,500円	5000円相当の自社製品
極洋 (1301)	2.69	5.38	186,000円	5000円相当の自社製品
カワチ薬品 (2664)	2.24	5.33	178,200円	1000円お買い上げ毎に使える100円券×50枚
マツモトキヨシホールディングス (3088)	2.25	5.06	178,000円	店舗で使える商品券2000円分

居酒屋「東方見聞録」や「月の雫」などを展開（三光マーケティングフーズ）

全国のイオンで使える！（イオン北海道）

カッパ寿司で使える！（カッパ・クリエイト）

ベビー・子ども衣料の大型店（西松屋チェーン）

魚介の缶詰でおなじみの総合食品会社（極洋）

東北から北関東にドラッグストアを展開（カワチ薬品）

※データや優待内容は2012年7月12日時点のもの

巻頭特集 5

安く買って高く売ればトクする！

不況と言われているなかでも、魅力的な商品やサービスを提供して業績を伸ばし、株価も上がっている会社はたくさんあります。

将来伸びそうな会社の株を買うと、将来何倍にもなるかもしれません。たとえば、ヤフーの株は1997年の店頭公開時に初値200万円だったのですが、ずっと持ち続けていたとすると、なんと2億円以上の価値になっています（2012年7月現在）。

また、好調な企業であっても、東日本大震災のようなことがあると、動揺から売られてしまって株価が下がることがあります。そんな「バーゲン価格」のときに買っておくと、実力のある会社なら時間が経てば回復し、大きな利益を得ることができます。

ここで売ると…
Bで買ったら25万円の儲け
まだ伸びてる
Aで買ったら30万円の儲け
時間

安く買って高く売るには？

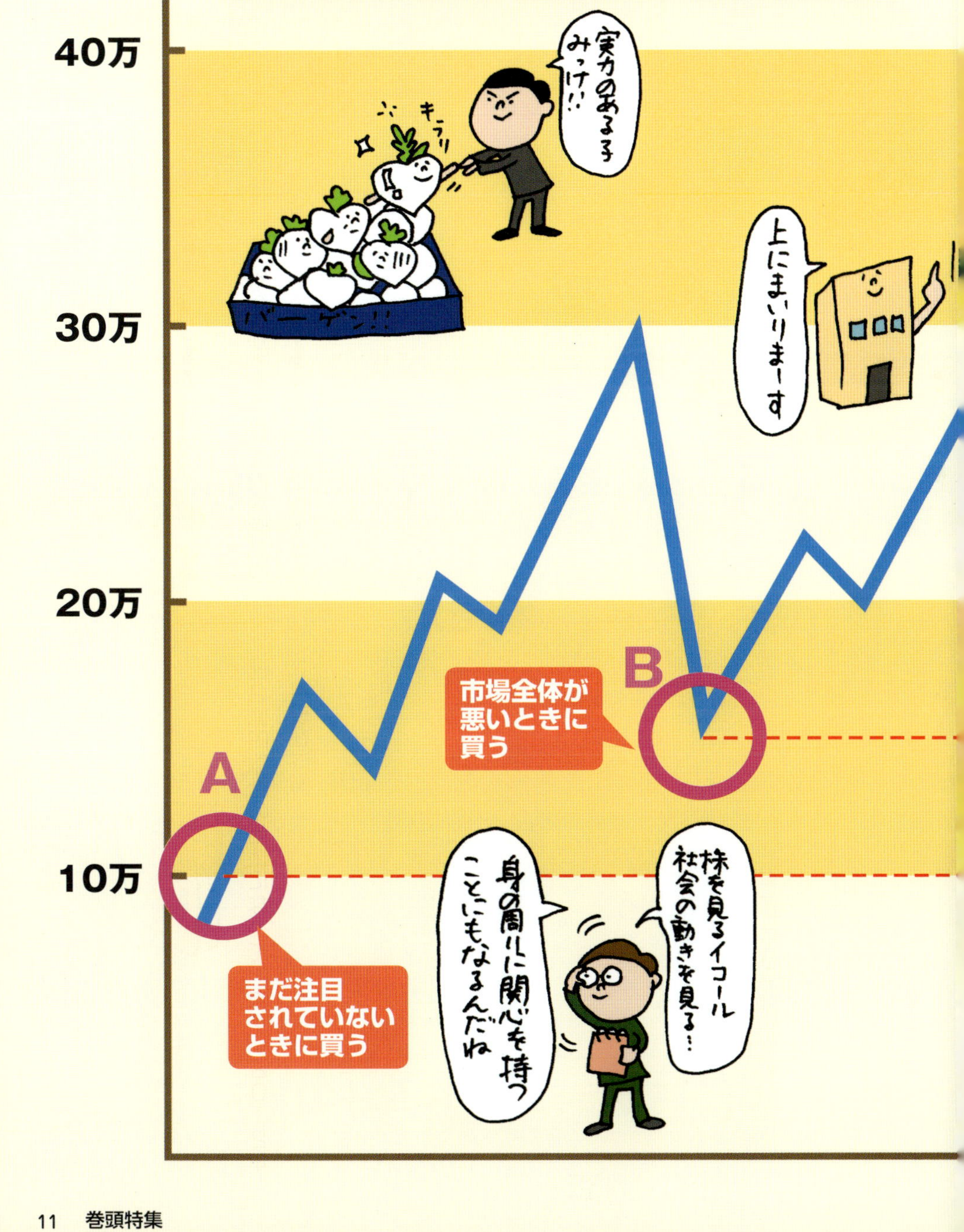
株価（円）
40万
30万
20万
10万
実力のある子みっけ!!
キラリ
バーゲン!!
上にまいりまーす
A
B
市場全体が悪いときに買う
まだ注目されていないときに買う
株を見るイコール社会の動きを見る…
身の周りに関心を持つことにもなるんだね

巻頭特集 6

株を買うのはこんなにカンタン！

「株はお金持ちのもの」「手続きとか面倒なのでは?」と思っている人もいるでしょう。

実は、株は何千円、何万円という単位で買えます。もちろん何百万といったおカネが必要な株もありますが、皆さんが知っている大企業の株でも意外に何万円単位で買えたりします。

また、株を買う手続きはとてもカンタン。62ページから紹介していますが、ネット証券なら口座を開設する時も、郵送で手続きが進められ、店舗に出向く必要もありません。

証券口座に入金すれば、パソコンでもケータイでもスマホでも、いつでもどこでも取引できます。

まずは口座を開設して、数万円から始めてみるといいでしょう。

10万円以下で買える株はこんなにある！

社名	証券コード	最低購入額
日産自動車	7201	7.0万円
パナソニック	6752	4.8万円
三菱UFJ フィナンシャルグループ	8306	3.5万円
スターバックス コーヒー ジャパン	2712	5.0万円
三越伊勢丹 ホールディングス	3099	7.9万円
ヤフー	4689	2.5万円
楽天	4755	7.9万円
昭和シェル石油	5002	3.9万円
コナカ	7494	8.8万円
伊藤忠商事	8001	7.9万円

※最低購入額は2012年7月時点のもの

株はこうやって買う！

1 株を買うのは実はカンタン。

2 証券会社のサイトにアクセスし、必要事項を入力する。

3 口座開設申込書が送られてくるので、必要書類を返送。入金すると取引ができる。思ったよりカンタン！

4 証券会社のサイトや投資情報誌などを見て、銘柄を選ぶ。

5 いくらでどれくらい買うかを決めて注文を出す。

6 売る人と買う人の条件が合えば注文成立！

株を始めるなら バーゲンセールの今がチャンス！

日経平均株価は1万1000円台をつけた2010年4月の戻り高値を最後に、すでに2年半近く下降トレンドを続けています。市場エネルギーを示す東証1日売買代金も一向に盛り返す気配を見せていません。個人投資家が安易に参戦していける状況にないことは確かでしょう。

ただ、これは株の値上がり益を期待してという前提でのお話。業績が堅調な会社の株もそうでない会社の株も、悲観ムードに押されて一緒くたに売られている時は、「配当利回り」という観点からすると、実は大きなチャンスなのです。

株式の配当利回りは1株当たり予想配当金を株価で割って求めます。8月8日の取引終了時の株価を基に計算した東証1部銘柄の配当利回りは2・3％台と、国債（新発10年物）の利回り0・7〜0・8％台を大幅に上回っています。ちなみに大日本印刷の配当利回りは5％台、武田薬品工業は4％台。業界のトップ企業の株にこれほどの利回りがつく状況は、もうバーゲンセールというしかありません。

配当狙いの株式投資には毎年配当金を増やしている「連続増配会社」を買う

方法もあります。日本の証券取引所には約３５５０の会社が上場していますが、調べてみると5年以上の連続増配会社が70社、10年以上も22社あるから驚きです。こうした連続増配企業は「連続してきた」という事実それ自体が強い動機づけとなり、もう1年さらにもう1年と続く可能性があります。ちなみに現在の連続記録保持者は、皆さんご存じの「花王」で実に22年連続。2位はコンビニ業界5位の「ミニストップ」で19年。そして3位が冬の鍋料理には欠かせないブナシメジやエリンギの生産でトップの「ホクト」(17年)です。

ちなみに、ユニ・チャームも10期連続増配していますが、アジアでの売上が好調で、株価もこの3年で2倍以上値上がりしました。

皆さんは『会社四季報』は、株式投資のセミプロが使うものと思っていませんでしたか。細かい数字や専門用語ばかりに目を奪われると、そう思えてしまうかもしれませんが、じつはここに書いてきたことはすべて『会社四季報』にも書いてあるのです。海外旅行は簡単な会話をマスターすると、楽しさが倍増しますが、株式投資も同じこと。『会社四季報』の見方や投資に関する基本的な知識を身につけると、世界が一気に広がること間違いなしです。

「投資の神様は勉強した人にだけほほ笑む」。ぜひそれを実感してください。

会社四季報編集部

巻頭特集

1 株式投資で生活が変わる！……2
2 株主総会に行こう！……4
3 株主優待でトクする！……6
4 配当＋優待利回りでトクする！……8
5 安く買って高く売ればトクする！……10
6 株を買うのはこんなにカンタン！……12

はじめに 株を始めるならバーゲンセールの今がチャンス！……14

1時間目 カブってなんだろう？……21
1 カブってなんだろう？……22
2 株主とは、会社のオーナーということ！……26
3 株主になると、経済や産業の動きが見えるようになる！……28
4 株主は配当がもらえる！ 会社の経営に参加できる！……30

5 株の取引はいつどこでできるの？……32
6 株の値段は、買いたい人が多いと上昇、売りたい人ばかりだと急落……34
7 株価はこれから稼ぐ利益を予想して動く……37
8 株で儲けるためのキホン その① 「安く買って高く売る」……39
9 株で儲けるためのキホン その② 配当金で資産をつくる……44
コラム 計算不要！『四季報』で予想配当利回りをチェック……47
10 株で儲けるためのキホン その③ 株主優待でトクする生活……48
コラム 『四季報』で見つける！ 優待と配当金の実質利回りでトクする株……50
11 企業情報や株価はどこで調べる？……52
コラム 『四季報』はこんなに使える……55
12 どんなニュースに注意すればいいの？……57

2時間目 まず、口座を開設し、仕組みを知ろう……61

1 株はどこで買える？ 証券会社の選び方……62
2 口座を開設してみよう……64
3 どうやって注文するの？……66

4 注文する時、見ておきたいものって何？……68
5 短期投資と長期投資、どちらがいいの？……70
6 税金とか面倒じゃないの？……72
コラム 独特の市場用語を知って通になろう……74

3時間目 儲かる株はこうして探す その①……75
1 会社の数字、どこを見ればいい？……76
2 安全性はどこで見る？……80
3 成長している会社かどうかはここに注意……82
コラム 『四季報』なら簡単に読み取れる業績数字、財務指標……85
4 「危ない会社」かどうかはここを見る！……86
コラム 『四季報』で読み取るポジティブキーワードとネガティブキーワード……88
5 新規上場って何？……90
コラム 投資家の心得を説く相場格言にも強くなろう……92

4時間目 儲かる株はこうして探す その②……93

1 1株当たり利益でバーゲン株を見つけよう……94
コラム 計算不要！『四季報』で予想PERをチェック……101
2 純資産価値を割り込んだ割安株をねらおう……102
コラム 計算不要！『四季報』でPBRをチェック……106
3 経営効率からバーゲン株を見つけよう……107
4 株価を動かす株式情報もチェックしよう……110
コラム 『四季報』で株式関連情報をチェック……114
5 安すぎる株価にはワケがある……115
6 スクリーニングしてみよう……117
コラム 「四季報オンライン」でらくらくスクリーニング……120

5時間目 どんなタイミングで売買するの？

チャートの読み方……121
1 タイミング判断のキホン ここを見ておこう……122
2 売り・買いのサインはここだ……128
3 移動平均線でトレンド変化を見る……134

4 ゴールデンクロス、デッドクロスって何？……138
5 相場エネルギーに注目 出来高にも注意せよ……140
6 信用残も見逃すな……142
コラム 株価指標について知っておこう……144

6時間目 大事なおカネを守るための基本ルール……145
1 「驚き」の感動を得るため、いつも基準線を引いておこう……146
2 分散投資でリスクを減らそう……148
3 ずるずると負け続けないため、あらかじめルールを決めておこう……151
4 時々は投資内容を見直そう……154
5 海外投資にも目配りしよう……156

索引……158

1時間目

カブって
なんだろう？

1 カブってなんだろう？

株は会社のおカネを集めるもの

株（かぶ）ってなんでしょう。

八百屋さんで売っているアブラナ科アブラナ属の野菜が蕪（かぶ）。バイク屋さんに行くと置いてあるのがホンダのスーパーカブ。ひそかに人気を集める生きている化石がカブトガニ……なぁーんて、いきなりオヤジ系のネタ（冗談）で始めてしまって申し訳ありません。この本は、やさしく軽いノリで、ホントはまじめに、株の話をするための本です。

ま、いろいろと似たのがあるけど、株というのは正式には株式のこと。株式を略して株っていいます。

日本には１００万社を超す株式会社があるそうです。ソニー、トヨタ自動車、キヤノン、ＮＴＴなどの超特大企業から、小はご近所のケーキ屋さんまで、それぞれ立派に事業を営んでいます。そんな株式会社を新しく設立したり、事業をさらに大きくしようとしたりするには資金が必要です。その資金を集めるため、発行されるのが株式です。

「事業に必要なおカネ」というと、普通はまず「銀行から借りる」って考えますが、それだけではないのです。その会社がやろうとしていること、現にやっていることはとても儲かる事業だから「このおカネ、使っていいよ」って資金を出してくれる人が現れれば、とても素晴らしいこと。そのおカネを出してもらった証拠に発行されるのが株式です。

　実は、この株式にはいろいろな約束事が秘められています。詳しくは後からじっくり見ていきますが、いちばん大事なことが2つあります

返さなくていいおカネ？

　1つは株式を発行して集められたおカネは返さなくていい、ということ。

　えっ、返さなくていい？

　そうなのです。株式を発行して集めた資金は、その会社にとってはずっと使っていていいおカネ。というよりも、「株主資本」という、その会社にとって元手（もとで）になるおカネ。事業の根幹となるようなおカネになるのです。この「株主資本」という言葉はこの先も重要な意味を持ってきますから、しっかり頭にインプットしておきましょう。

　それに対し、銀行から借りた資金はいつか返さなくてはいけません。製品を作る機械を買って、コンピューターを入れて、工場を建てて……というように、事業を新しく始めたり、大きくしたりするにはとても多く

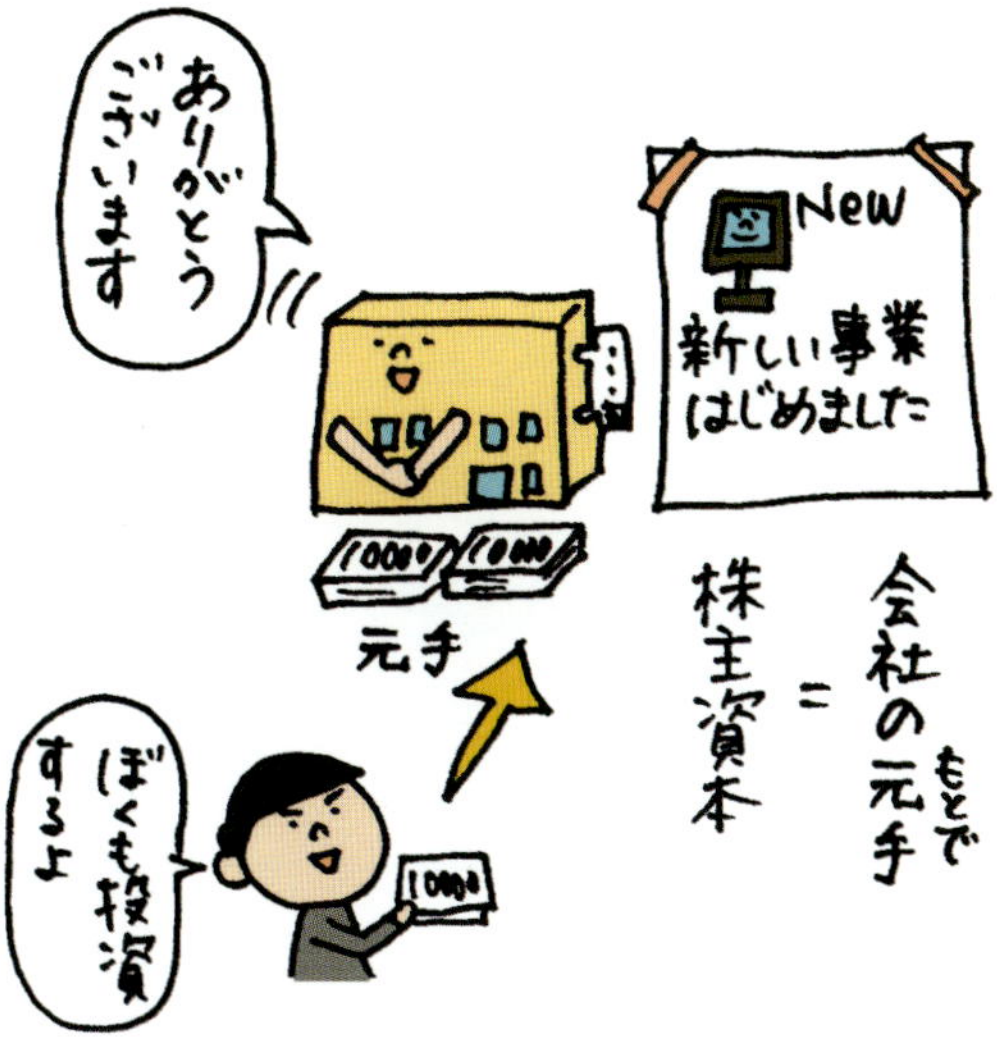

の資金が必要。儲かるまでには時間もかかります。なかなか返せないこともあるでしょう。そんな時、「返さなくていい。ずっと使っていいよ」という資金があれば、とても頼りになるのです。

銀行がおカネを貸してくれることを「融資」、株式を受け取っておカネを出すことを「投資」といいます。おカネの流れとしては、おカネを出す人が企業に投資するのが直接金融、預金者が預けたおカネを銀行がまとめて企業に融資する流れが間接金融と呼ばれます。

ところで、投資した人は決してボランティアでやっているわけではありません。その事業が有望だからおカネを出したのです。

会社が儲かれば配当金がもらえる!

ここで、大事な第2の約束。おカネを出した人（「投資家」と呼ばれます）と、株式を発行した会社との間には、「儲かったら、その利益の一部を分配しますよ」という約束があります。その事業が儲かれば儲かるほど、「配当金」という形で投資家に対する分配も増えることになります。だから、儲かりそうだなと思われる事業には、多くの人が喜んで出資するようになるのです。

ただ、最初から「ずっと使っていいよ」という約束だったため、投資した人におカネが必要な事情が発生しても、その会社に「やっぱり返してください」というわけにはいきません。

そこで、登場するのが証券取引所。ここで株式を売って投資したおカネを回収すればいいのです。株式を売りたい人と、その株式を買いたい人とを仲介するのが取引所の役割。そこでは株式の取引が日々行われ、「株価」という形で株式の価値が決められています。

直接金融と間接金融の仕組み

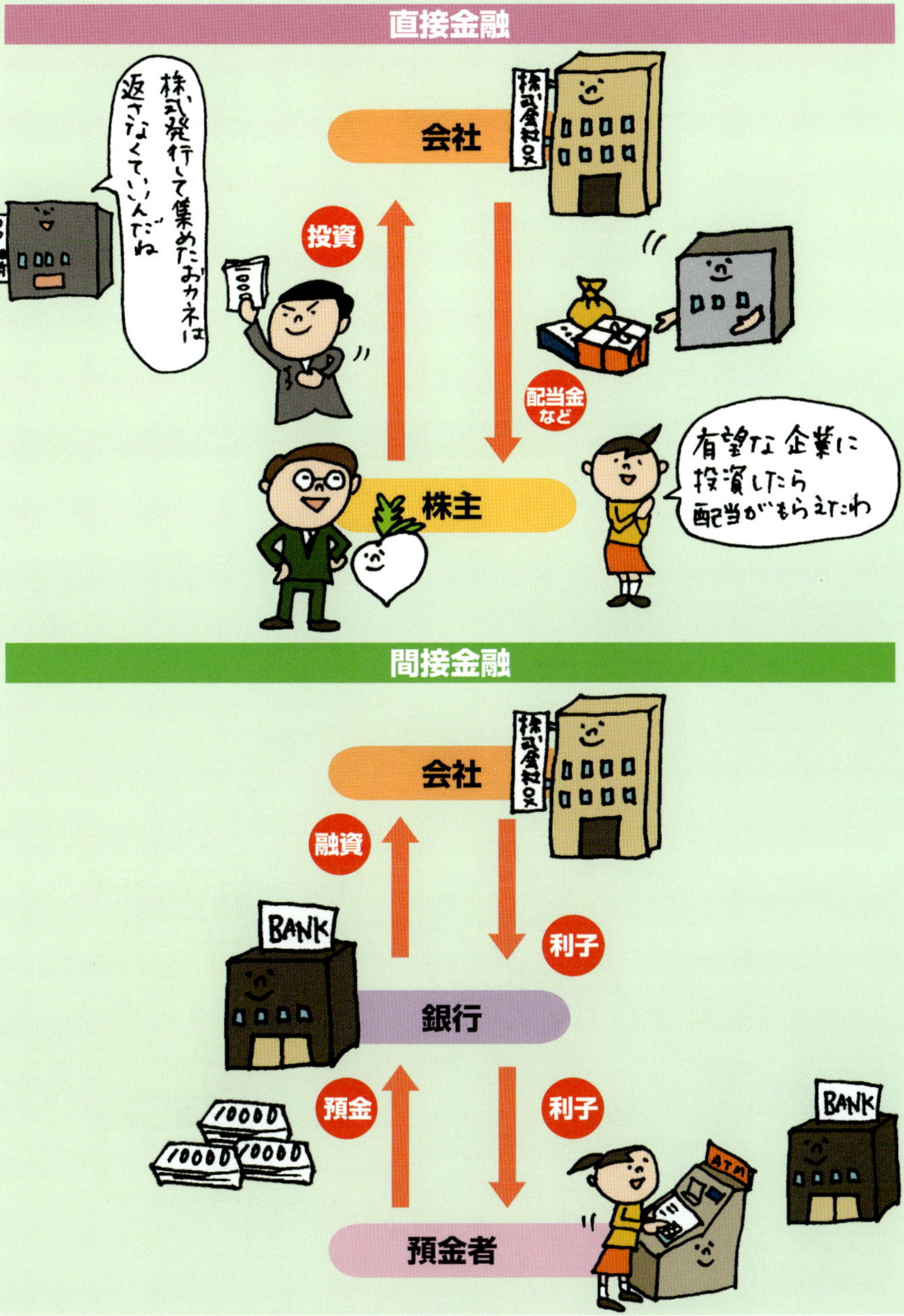

2 株主とは、会社のオーナーということ！

100万人の株主！

第一生命保険という保険会社があります。この会社の株主はなんと、100万人以上。もちろん、日本でいちばん株主が多い会社です。2010年にそれまでの相互会社という形態から株式会社に転換した際、すべての保険契約者に向けて株式が発行されたため、こんなに多くの株主が誕生したのです。

株式会社に投資して株式を持っている人を株主といいます。株式が発行された時に資金を出した人はそのまま株主。その後、株主が売りに出した株式を買うことで新たに株主になることもできます。この方が一般的でしょう。証券会社を経由した証券取引所での売買を通じて株式を購入すれば、だれでも株主になることができます。

わっしょい
わっしょい
第一生命
株主
株主
ミニ知識
日本一 株主が多い会社は
「第一生命」，その数100万人！！

どんなに小さくても株主は会社のオーナー

実は、株主になるというのは、その会社のオーナーになることを意味します。会社の事業の元手（もとで）

を出したのですから、オーナーに違いありません。

「私が証券取引所で株を買ってもオーナーに?」

そんな疑問も当然ですが、確かに、これまで株主だった人の株式を購入すれば、新しく株主に。それでオーナーになれます。

某プロ野球球団のオーナーはとても威張っているようですが、私たちのような個人の株主はそんなに威張れるわけではありません。多くの株主の一員なのです。

例えばインターネットのポータルサイトを運営するヤフーは5800万株もの株式を発行していますが、私たちが買うのはせいぜい10株とか20株でしょう（ヤフー株は1株から購入できます!）から、10株の株主なら全体から見ると0・000017%（10株÷5800万株×100）の比率でしかありません。何万株もの株式を持っている大株主（最大株主はソフトバンク）に比べると、とても小さな存在ですが、どんなに小さくても株主は株主。その比率に応じた権利があり、配当金の形で利益の分配を受けたりできるのです。

株主になるのは、会社の共同オーナーの一員になること。これは、とてもエキサイティングなことです。

3 株主になると、経済や産業の動きが見えるようになる！

配当や株主優待がもらえる！差益で儲ける！

株主になると、どんないいことがあるのでしょうか。

①株価が買い値よりも値上がりしたら売却して売買差益を取る――これはだれでも最初に考えることでしょう。しかし、それだけではありません。②毎年、配当金をもらってコツコツ貯める、③株主へのプレゼントである株主優待を受け取る、といったことも株式投資の基本的な楽しみなのです。もちろん、時にはうまくいかないこともあります。できるだけ損しないようにしながら、大きな儲けを得るようにするのが、本書の狙いです。それは、これから先、じっくりと勉強していきます。ただ、株式投資の面白いところは、そうした金銭的なもの以外にも楽しみがあることです。最初に、そう

した側面にも目を向けておきましょう。

おカネだけじゃない株式投資のメリット

ちょっと大げさな話ですが、日本の経済は株式会社が動かしています。

例えば、テレビやパソコン、スマホなど私たちが日常的に使っているエレクトロニクス製品はほとんどが株式会社（だれでも知っている会社ばかり）によって作られています。出勤や登下校のために乗る電車や地下鉄を運営するのは株式会社（その昔国有鉄道だったJR各社はいまや株式会社形態ですし、東京メトロも

株式の世界をのぞいてみよう
株式投資のトビラ
!

株式会社です）。食べ物や着るもの、住まいだってほとんど株式会社が関わっています。その提供する製品やサービスで私たちの生活を豊かにしているだけでなく、多くの人を雇ってその家族の生活を支え、税金を払って国の財政を支えています。株式会社抜きでは世の中が回らない、そんな存在なのです。

だから、投資という形でそんな株式会社と関わりを持つことは社会的にも、とても意義のあることなのです。株式投資を始めると、きっと新しい世界が開けてくることでしょう。

もちろん、そんな重要な役割を担っている株式会社ですから、オーナーである株主は自分が投資した会社が赤字に転落したり、人員整理をするほどの厳しいことになったりしないよう、日ごろから経営をチェックすることも必要でしょう。投資で成功するためにも、経済や産業、企業の動きなどを見る目を養うことが必要になります。

おカネを増やしながら、世の中の動きに敏感になる――それが、株式投資の本来の楽しみなのです。

4 株主は配当がもらえる！会社の経営に参加できる！

会社の儲けの一部を分けてもらえる！

株主は、その会社のオーナー。その権利について見ておきましょう。

ざっくりと見て、重要なのは2つ。

1つはその会社が事業で得た儲け（利益）の一部を「配当金」という形で分けてもらえること。社長や取締役など会社を経営している人たちはオーナーが投資したおカネをうまく使って事業を活発にし、利益を生み出す責任があります。

外資系企業の一部には、利益の「一部」だけでなく、1年間の儲けをすべて株主に分配してしまうような会社もあります。なかなか太っ腹ですね。会社をうまく経営して利益を出せば、自分たちにも報酬がありますし、多くの金額を分配すれば株主からも喜ばれる、というウィン・ウィンの関係が生まれます。

この株主に対する利益の分配にはいろいろな形態がありますが、ここではまず「配当金」を頭に入れておけばいいでしょう。

株主総会で会社の経営に参加できる！

では、経営者がちゃんとやっていなかったら、どうするか。オーナーですから、責任を果たしていない経

営者にはやめてもらいましょう。

それが、株主総会。多くの場合は年に1回、定期的に開かれ、そこでは過去1年間の経営の成果が決算報告という形で披露され、承認を受けます。利益金の中から株主にいくら分配するかが決められます。成績のいい経営者にはボーナスをちゃんと払い、次の年もやってもらうことにしましょう。逆に、成績が悪かったり、不祥事を起こしたりした経営者はこの場でクビを宣告しましょう（もちろん、日本的には「円満に経営者が交代」という形をとることが多いのですが……）。

株主総会というのは、株主だけが参加できる、株式会社にとっては最高の決議機関です。私たちのような小口の株主だって最低単位以上の株式を保有していれば、その株数に応じた議決権を持つことになります。それで、議決に参加することができます。

ちなみに、４期連続の赤字という深刻な経営危機に遭遇しているソニーが２０１２年６月に開いた株主総会では、実に９３００人もの株主が参加したそうです。それだけ多くの株主が会社の経営に関心を持っているということでしょう。

5 株の取引はいつどこでできるの？

取引所は全国5カ所

株の売買は原則として取引所で行われます。

「当たり前だろう！」と、昔ながらの投資家の方などは思われるかもしれませんが、実はそうでもないのです。最近は取引所、正確には証券取引所を経由しないで行われる株の売買も少しずつ増えているのです。PTS（私設取引所）といって、証券会社が自社のお客さんの注文をそのまま取り次いで売買を成立させてしまう取引です。ですから、「原則として取引所」がメインなのです。

取引所というと、会社の名前と株価をオレンジ色に映し出したベルトのようなものがグルグル回っているテレビ映像がすぐに思い浮かぶでしょう。あれは東京証券取引所内に設置してあるティッカー（株価表示装

各取引所には複数の市場がある

	前場	後場
東京証券取引所 1部 2部 マザーズ	9時～11時30分	12時30分～15時
大阪証券取引所 1部 2部 JASDAQ	9時～11時30分	12時30分～15時10分
名古屋証券取引所 1部 2部 セントレックス	9時～11時30分	12時30分～15時30分
札幌証券取引所 札幌市場 アンビシャス	9時～11時30分	12時30分～15時30分
福岡証券取引所 福岡市場 Q－Board	9時～11時30分	12時30分～15時30分

置）。これで株価の変動がわかります。売買高が増えるとあのティッカーの回転速度が上がる仕組み。株価というのは、株の売買に応じて刻々と変動します。

証券取引所は東京、大阪、名古屋、札幌、福岡と全国に5カ所。それぞれ、複数の市場を持っています。東京証券取引所にはメインの第1部市場と、ちょっと小粒な企業の株を取引する第2部市場、そして新興企業を対象にしたマザーズ。大阪も第1部、第2部、新興企業を対象にしたジャスダックといった具合です。

取引時間は基本的に午前9時から午後3時

一番大きな東証（東京証券取引所）での、個別企業の株式売買は午前9時から午後3時まで。途中、午前11時30分から午後0時30分まで1時間の昼休みを挟んで5時間が取引時間です。

これとは別にPTSでの取引があり、株価指数先物取引は昼休みや夕方も売買が行われていますが、一般的な取引時間は、午前9時から午後3時まで、と覚えておけばいいでしょう。

株を買うには、この時間内に取引所まで出かける……なんてことはありません。証券会社に注文すればいいのです。最近では、インターネットを通じた取引が一般的ですから、証券会社の店頭に出かけたり、電話したりせずに取引が可能です。

6 株の値段は、買いたい人が多いと上昇、売りたい人ばかりだと急落

7割以上は外国人投資家！

最近の日本の株式市場。実は、7割以上が外国人投資家による売買、なのだそうです。アップルだとか、マイクロソフトだとか外国の株ではなく、トヨタやソフトバンクなど、れっきとした日本企業の株を取引しているのは7割以上が外国人、なのです。

「国際的でいいこと」と思いますか。それとも「外国人に牛耳られている！」と感じますか。

いずれにしても、私たちのようなフツーの投資家（個人投資家と呼ばれます）だけでなく、銀行や保険会社などの金融機関や投資信託、年金基金といった業務として株の運用を行っているプロの投資家（機関投資家と呼ばれます）など多様なプレイヤーが参加して行われているのが、株の売買です。その中で外国人投資家の比率が7割ということですから、株価の動きを予想する場合にも外国人投資家の動きを無視するわけにはいきませんね。

買いたい人が多ければ株価は上がる！

さて、株価は、その株を売りたい人と買いたい人の力関係によって決まります。その時々の市場に出ている注文のうち、「売りたい」注文が多ければ株価が下がり、「買いたい」注文が多いと上昇するのが株価です。

例えば、2011年に「過去の決算書類をごまかしていたらしい」という疑惑が表面化した精密機器メーカーのオリンパスに、外国人投資家から大量の売りが出て、株価が急落する事件がありました。

本来なら、買いたい人は「できるだけ安く買いたい」、売りたい人は「できるだけ高く売りたい」と考えるものですが、何らかの事情で売り急ぐ必要があると、値段にかまっていられず、「いくらでもいいから早く売りたい」と慌てて売ってきます。そのため、通常では考

売りたい人ばかりだと株価は急落する

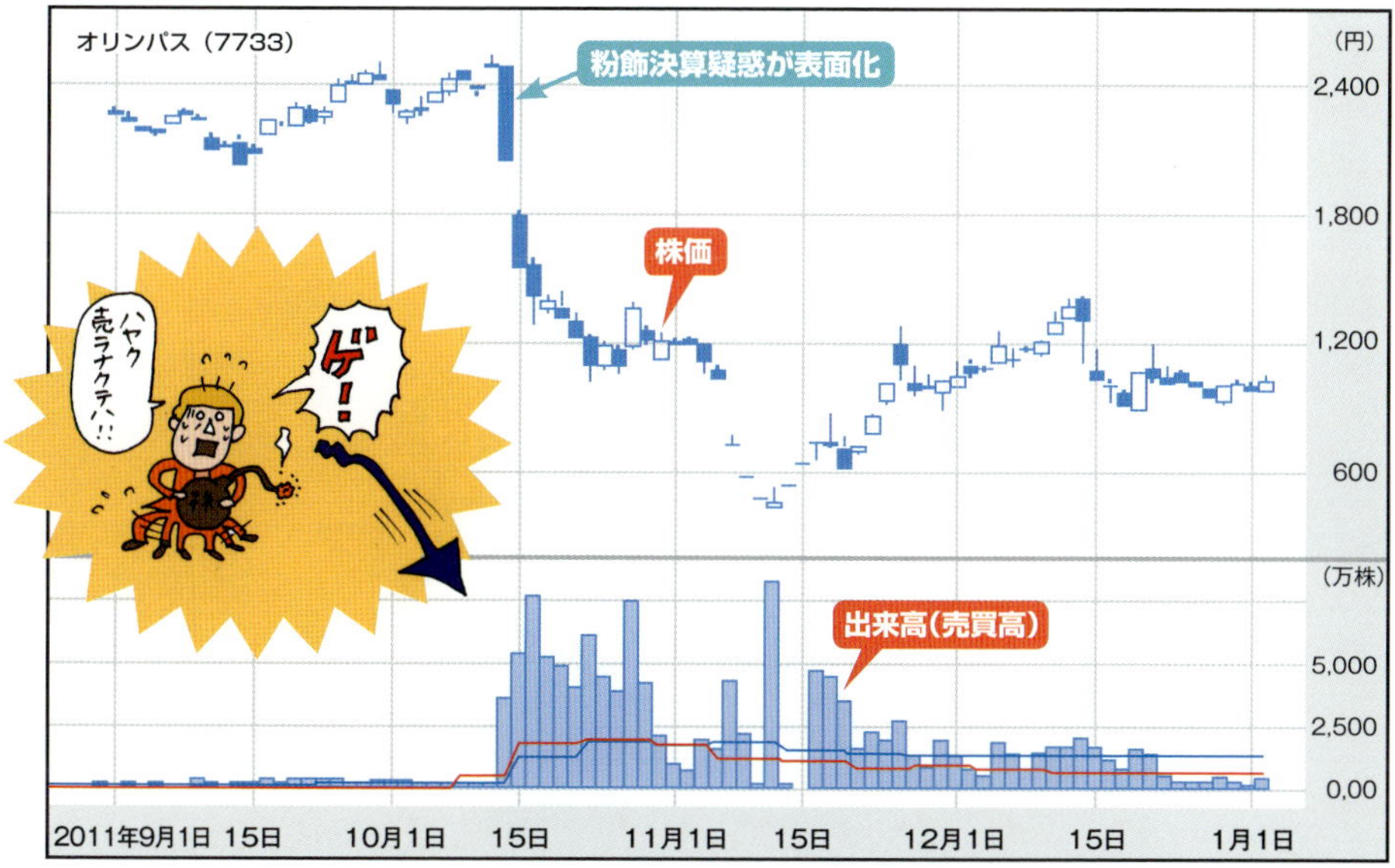

えられないような水準まで株価が下落してしまうこともあるのです。

逆のケースでローソンを見てみましょう。大口資金の外国人投資家は新たに日本株を買い付ける場合、じっくり時間をかけて買うことが多いそうです。外国人投資家はローソンの株を２０１１年２月末に28・１％保有していましたが、１年後の２０１２年２月末には37・１％まで保有を増やしています。そのため、株価はこの1年間を通じてジワジワと上昇が続きました。

株価変動の中に利益のチャンスがある

こうした売り注文と買い注文との勢力関係を需給関係といいます。日々、刻々と需給関係は変化していますし、長い時間をかけてゆっくり変化していくこともあります。

そのため、株価も短期間で急激に動くことがあれば、長い時間をかけ、気づいたら大きく変化していた、ということもあるのです。そうした株価変動の中にこそ、株式投資のチャンスが潜んでいるのです。

外国人投資家が保有を増やし株価上昇

7 株価はこれから稼ぐ利益を予想して動く

会社の将来の利益を予想して売買

株価はなぜ値上がりし、なぜ値下がりするのでしょうか。前節では「その時々の需給関係によって株価は変動する」ことを見ました。

では、その需給関係を動かす要因はなんでしょう。人はなぜ、株を買いたがり、売りたがるのでしょうか。これは、けっこう難しい問題です。

投資家にはそれぞれに異なった事情があったり、考え方が違ったりしますから、決定的な要因というのはおそらくないでしょう。

それでも、共通しているのは、その会社の将来の利益を見据えて売買しているということ。これは、株主が「会社のオーナーであり、利益の一部を配当金としてもらえる」ということから当然、考えられることでしょう。

新商品、リコール、海外情勢、為替……業績を左右するニュースで株価は動く

例えば、「来月売り出す新製品は大ヒット間違いなし」と予想されれば、早めに株を買っておきたいと思う人が増えるでしょう。

逆に、「主力製品が発火事故を起こした。社会問題になりそう」となると、その会社の株を持っている人は急いで株を売りたがるでしょう。

ともに、その製品の先行きが会社の業績（究極的には、「利益」の増減）に重要な影響を与えると考えられる場合に株価は変動しやすくなります。

会社の利益に直接、影響の出る製品の動向だけでなく、国内の景気や金融などマクロ経済指標や産業界の動向も個別企業の業績と無関係ではありません。

最近のように欧州の金融不安など海外情勢も株価に変動を与えます。欧州向け輸出の多い企業にとって為替の円高ユーロ安は採算を悪化させる要因。個々の会社にとっては、「利益」を増減させることになります。

株価の変動要因

株価上昇につながりやすい

新製品が売れている
新製品・新技術を開発した
規制緩和で販路が拡大した
法改正で特需が発生した
大型商品の発売で部品納入が拡大した
アジア市場向け輸出が拡大している
厳冬・猛暑で季節商品が好調

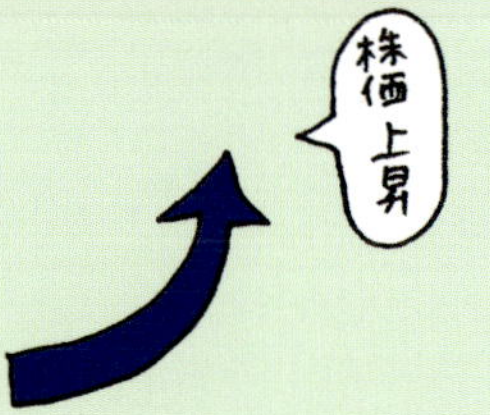

株価下落につながりやすい

新製品が不発だった
規制緩和によって市場の競争が激化した
法改正で製品の売れ行きが停滞している
流行の変化を読み違え在庫の山ができた
欧米向け製品が円高で採算が悪化した
暖冬・冷夏で季節商品の売れ行きが鈍った

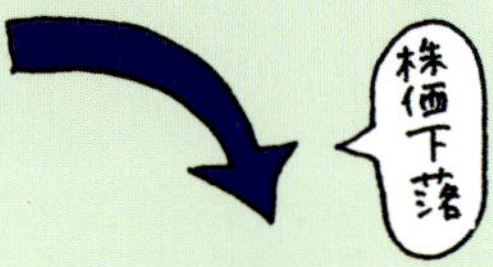

8 株で儲けるためのキホン その①「安く買って高く売る」

安く買って高く売れば儲かる!

株式投資の奥義といえば、「安く買って高く売る」という言葉に尽きます。

「なぁーんだ」「わかっているよ」と思う人は多いでしょう。でも、これはものすごく、奥深い言葉でもあるのです。

まず、「安く」買って、「高く」売るのですから、購入時と売却時に高低差があること。この高低差が売買差益につながります。その売買差益のことを「キャピタルゲイン」といいます。こちらの方が横文字ですし、単にオシャレに言い換えただけのような感じですが、株式投資の利益を考える場合に重要な言葉ですから、覚えておきましょう。

この売買差益が株式投資の一番の醍醐味であることはいうまでもありません。

ビギナーは中長期投資から始めよう

例えば数年ぐらいの長い間保有し続けて2倍、3倍といった大きな売買差益を狙うのが「長期投資」、数日間とか数週間といった短い期間で売買を繰り返して細

あなたの投資スタイルは？

	長期投資	中期投資	短期投資
期間	数年ぐらいの長期間	数カ月	数日～数週間
手法	企業の内容や投資環境を分析し、じっくりと大きな成果をねらう	短期と長期の中間的な手法	短い期間で売買を繰り返し、小さな差益を積み重ねる

かな差益を狙うのが「短期投資」。投資家の資金性格や投資哲学などによって、2つのパターンに分かれるようです。

どちらにすべきだとはいいませんが、企業の成長を楽しみに、それに合わせて投資資金の増加を狙うという株式投資の本来の姿は長期投資（あるいは、その中間で、数カ月間程度で成果を狙う「中期投資」）にあると思います。企業の内容や投資環境をしっかり分析し、じっくりと成果を狙うのがビギナーにとって、一番取り組みやすい投資方法ではないでしょうか。

このほか、1日の取引時間中に頻繁に売買を繰り返すデイトレードという売買手法もありますが、これは企業の中身や業績に関係なく、株価の超短期的な動きの中でサヤをとっていくもので、「投資」というより、単なる「トレード（売買）」に過ぎません。

高く売って安く買う？

ところで、「安く買って高く売る」のが基本ですが、順番を逆にして「高く売って安く買う」という手法もあります。信用取引という制度を利用すれば、自分で保有していない株を売ることができます。異常な高値まで急騰した株を売って、値下がりしたところで買い戻して借りた株を返済するというやり方です。

これはベテランの領域でないとお薦めできません。ビギナーのうちは、そんなやり方もあるのだ、ということを頭に入れておけばいいでしょう。

これから業績が伸びそうな会社を探す

さて、「安く買う」のが極意といいました。では、その「安く」とは何に対して安いのでしょう。これには、2つの意味があります。①将来、株価が値上がりする可能性があり、今なら安い株価で買えるという意味と、②その株式が本来持っている価値に比べて安くなっている、つまり割安であるという意味です。

まず、①はこれから業績が伸びそうな企業、利益が増えて配当金も増えそうな企業を選んで「買い」、業績の伸びとともに株価が上昇していくのを待つ、という投資方法です。いってみれば先回り投資。「中期投資」「長期投資」はこの方法になります。

サンリオは2年で5倍に

ドル箱キャラクター「ハローキティ」が海外でも引っ張りだこの人気を誇り、そのライセンス収入で業績を急拡大してきたサンリオ。株価はグラフにもあるように、わずか2年ほどでなんと5倍以上に値上がりし

これから伸びる会社を探して長期で持とう

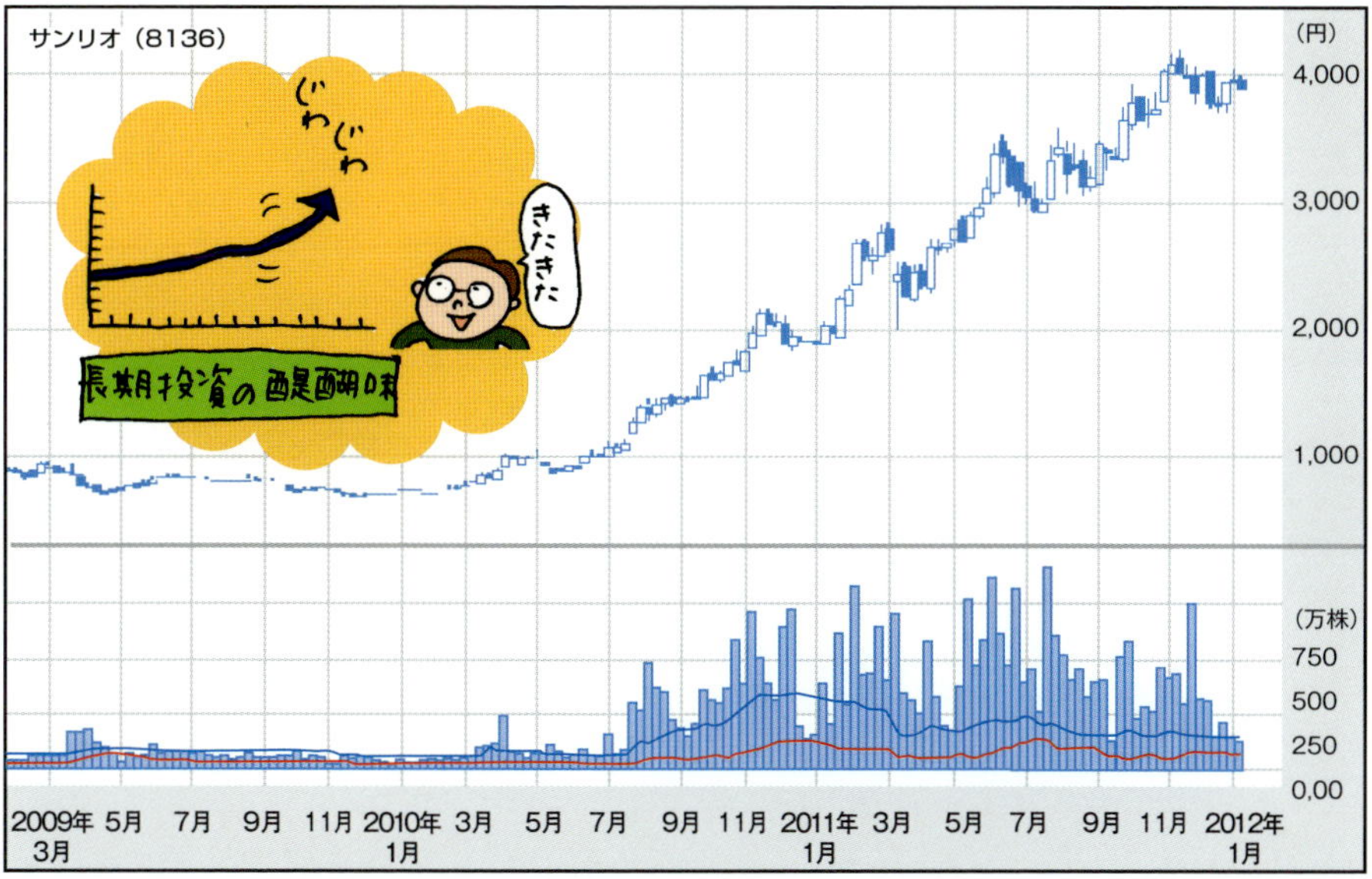

ました。株価がまだ3桁だった2010年初め頃にでも投資していれば……。一部のマスコミには海外でのキティ人気が伝わっていただけに、驚異的な株価上昇で利益を得たキティファン、多いのではないでしょうか。

このやり方で成功するには、その企業の現在の業績や財務内容だけでなく、事業の将来性、業界の環境なども分析して総合的に判断することが重要になります。大変だけれど、それは旅行に行く前のワクワクした気分に通じるものがありそうです。

株価暴落の時はいい株が割安に買える

一方、②はいい株を安く買うという発想。いってみれば「高級家具を会員割引で買う」「スーパーのタイムサービスで惣菜を買う」といった感覚でしょうか。

株価というのは常に変動するもの。2011年3月の東日本大震災時のように、「○×ショック」と呼ばれた市場全体を襲う株価暴落が過去何度かありました。その時には、企業の価値に関係なく、株が売られてしまいます。天変地異や衝撃的な出来事で投資家の心理が

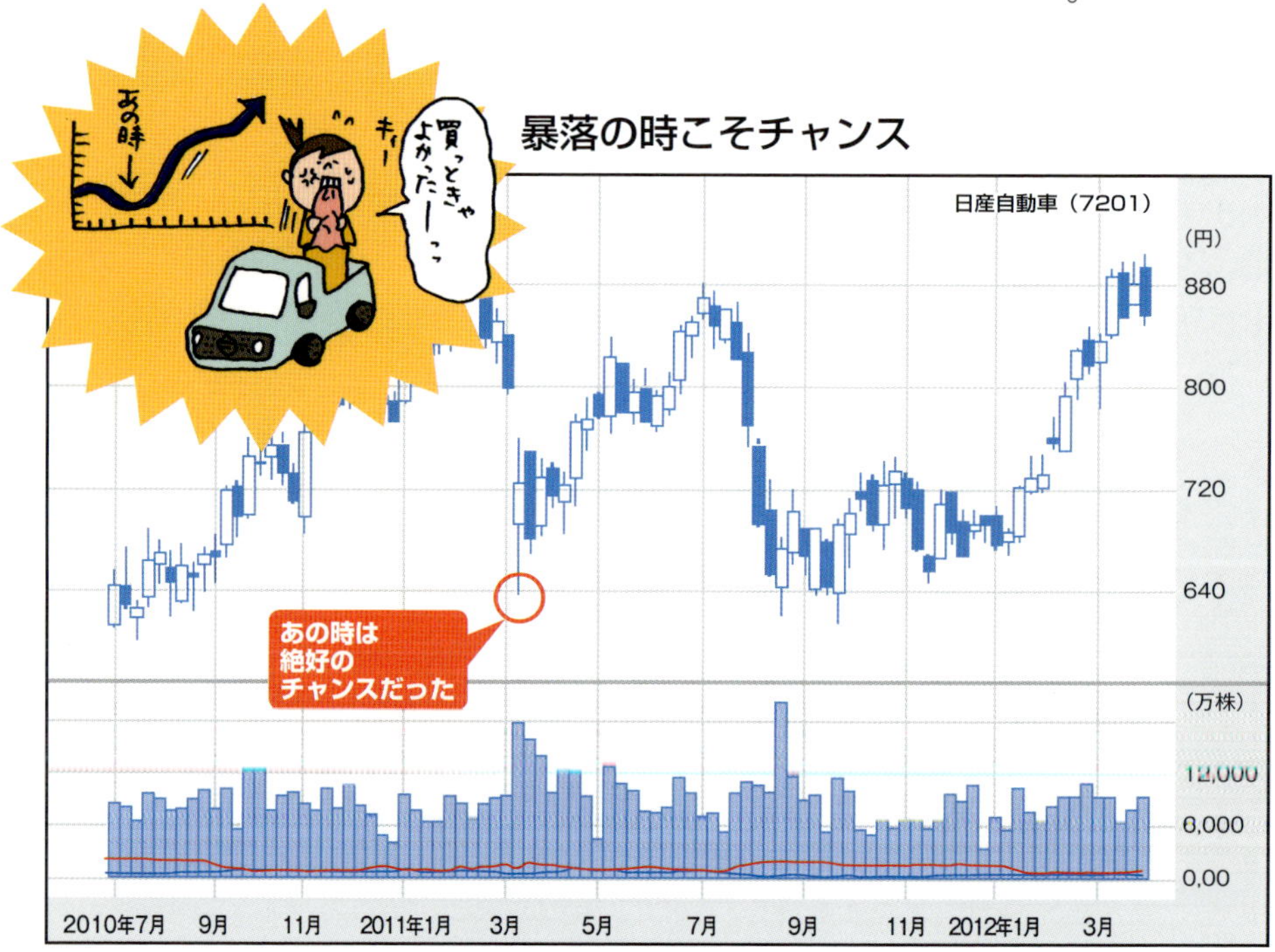

恐怖に襲われるためです。

そんな時、株式市場はバーゲンセール状態。そのタイミングを見計らってうまく投資すると、いい株が割安な値段で購入できます。

しばらくして環境が落ち着くと、不思議なことに、株価は再び元の水準に戻っていきます。グラフにあるように、日産自動車の株価はあの大震災時に大幅に下げましたが、その後、元の水準までスルスルと戻っていました。

安くなったタイミングを見つける

株価が割安かどうかを見るには、PER、PBR、利回りといった株価指標をモノサシとして使うのが一般的です。また、株価がイレギュラーな値動きをしているかどうかを見るには、チャート分析を知っておく必要があるでしょう。ともに、これから後でじっくりと見ていきます。

株式投資はタイミングが大事です。株を「安く買う」には「安い時」であるかどうかの判断が大事です。安くなったタイミングをうまく見つけることを心がけるようにしましょう。

「安く買う」には2つの意味がある

①先行き株価が高くなるから「今が安い」
→今のうちに買っておけば、先行き高く売れるだろう
=「先回り買い」の精神

②天変地異やショック安などで価値を無視して売られることがある
→落ち着けば、実態価値まで株価が回復することが多い
=「バーゲンセール買い」の精神

9 株で儲けるためのキホン その②
配当金で資産をつくる

株主は配当金がもらえる!

キャピタルゲイン（売買差益）は保有株を売却しないと実際の利益にはなりません。売却するということはその企業の株主ではなくなるということですから、これはいってみれば「手切れ金」のようなもの。

それに対し、配当金はその株式を保有している間ずっと支払われますから（その会社が配当していれば、の話ですが……）、株主としての実利を得ることができ、企業との一体感も大いに育まれることになります。

回数より年間いくら支払われるかが大事

その配当金について、少し詳しく見ていきましょう。

配当金が支払われるのは、多くの場合、年に1回。決算を承認する株主総会が終わった後。3月決算会社なら、6月末から7月初め頃（期末配当と呼ばれます）。2回実施する会社は第2四半期末にも（「中間配当」といいます）支払います。

配当金が2回あるからといって、金額が多くなるわけではありません。年間にいくら支払われるかが大事です。なお、ごく一部ですが、年間4回、3カ月ごとに支払う会社もあります。

医家向け医薬品の最大手、武田薬品工業は年間1株当たり180円（中間、期末各90円）配当をここ数年継続、今2013年3月期も同じ金額の配当金を支払うと表明しています。武田薬品工業の株価は3600円（2012年7月31日現在）。この株価で100株買うと金額は36万円となります。配当金は180円×100株で、年間1万8000円の収入になります。

36万円の投資で年間1万8000円の収入、とは驚くべきものがあります。

貯蓄より配当金が格別に有利

今の日本は歴史的な、低金利状態。銀行のスーパー定期に1年間、100万円預けても200円ほどの利子にしかなりません。それが、36万円の投資で配当金が1万8000円。配当金の方が格段に有利です。これは武田薬品工業に限ったことではありません。儲かっていて、高い配当金を払ってくれるリッチな会社は少なくないのです。

ただ、利子は必ずもらえるけど、配当金は会社の業績が悪くなって利益が出ないようになると、支払われなくなる可能性があります。配当金が減らされることを減配、支払われなくなることを無配といいますが、先

行き、減配や無配にならないような企業を選ばなければいけません。それさえクリアできれば、配当金はかなり有利な貯蓄対象ということがわかります。

利益が増えると、株主に支払う配当金も増やされるのが普通です。その間に株価が急落してしまっては元も子もありませんが、利益が増える会社は多くの場合、株価が上昇しますから、それと併せて配当金が増えて一挙両得となるでしょう。41ページで見た「長期投資の醍醐味」というのはこうした時に現れます。

配当利回りを比較してみよう

なお、配当金と株価の関係を見るのに重要なのが「配当利回り」という指標。配当金を株価で割り、それを百分比で表します。先の武田薬品工業の例で見ると、180円÷3600円×100で5%という配当利回り。これは、他の企業の配当利回りと比較したり、預貯金などの利回りと比較したりすることができます。

なお、配当金収入をインカムゲインといいます。これは39ページで見た「キャピタルゲイン」と対比して使われる言葉。預貯金の利子収入と同じ意味で使われます（なお、本書では計算をわかりやすくするため、株式購入の際の手数料や税金などの経費を無視しています）。

配当利回りを計算式してみよう

配当利回りの計算式

配当利回り（%）＝１株当たり配当金÷株価×100

武田薬品工業の例：180円÷3600円×100＝5（%）

Column

計算不要！『四季報』で予想配当利回りをチェック

「利回りの計算って、なんか、面倒くさそう？」って思った人、きっと多いでしょう。そこで、『会社四季報』には皆さんがいちいち計算しないでいいように、配当利回りの数字が載っているのです。

「業績」欄の「配当」の下にある「予想配当利回り」がそれ。「予想」ですから、今期にその会社が実施すると予想される配当金をもとに直近（『会社四季報』発売日の約2週間前）の株価で割って算出した数字です。武田薬品工業の例では、5・45％。とても高い数字になっています。これがどれほどの水準なのか、アステラス製薬（4・21％）とか、第一三共（4・64％）など他の大手製薬メーカーの数字と比べてみても高いことがわかります。

では、なぜ「予想配当」なのでしょうか。

株式投資というのは常に先を見ながら行動するもの。前期に実施した配当金では、あまり意味がありません。これからの配当金が、これから投資しようと思っている投資家にとって実際の利益につながる数字です。ですから、『会社四季報』では予想配当金をもとにした利回りを表記しています。

『会社四季報』なら一目でわかる！

えーと分母が…
おまかせ！
四季報
そんな時は

武田薬品工業

配当	配当金（円）
10. 3	90
10. 9	90
11. 3	90
11. 9	0
12. 3	90
12. 9予	90
13. 3予	90
予想配当利回り	5.45%
1株純資産（円）〈連12.3〉	
2,549（2,650）	

ここの数字をチェック！
※同業他社の欄も見比べよう

10 株で儲けるためのキホン その③
株主優待でトクする生活

株主優待は会社から株主へのプレゼント

3月決算会社なら、毎年6月終わりから7月初め頃、ちょうど世間ではお中元シーズンとなる頃に、株主のお中元に届くプレゼントが「株主優待」。

お菓子や飲料、ハム・ソーセージなどその会社の製品やスーパーや百貨店の買い物優待券、映画や劇場の招待券などがよく知られています。人気が高いのは外食・居酒屋チェーンの割引優待券。鉄道会社の無料パスや航空会社の割引優待券などは長年利用し続ける固定的なファンがいるそうです。

金額は3000～5000円程度が一般的。中には株主優待専用の特注品というケースもあって、それはそれでレアもの、ということになります。

ほとんどが単元株数（最低売買単位）を保有していればもらえます。配当金と同様に決算期末の基準日に権利が確定し、株主総会後に送られてくるのが一般的ですが、中間期末にも実施する会社もあります。

ただ、配当金と違って、あくまでも株主向けサービスなのが株主優待。ですから、実施していない会社もあります。現在、上場企業のうち1000社以上が株主優待を実施していますから、ポピュラーな制度といっていいでしょう。

地方の名産品や金券をくれる会社も

「会社の事業をもっと知って欲しい」「自社製品やサービスのファンを増やしたい」などが株主優待を実施する狙い。そのため、消費者向けの製品が一般的です。ところが素材メーカーや機械メーカーには消費者に直接提供できるような製品・サービスがありません。そこで、各地方の「銘柄米」や「名産品」とか、「クオカード」などだれにでも喜ばれるものを配っているケースが多いようです。それによって株主を増やしたい、ずっと株式を持っていてもらいたい、という狙いがあるのでしょう。

『会社四季報』の巻末には株主優待の実施会社一覧表があり、その優待の内容が載っています。それを眺めながら、自分の好みにあった優待品を狙って銘柄選びをする投資家も少なくありません。

3月決算会社は7月頃、4月決算会社は8月頃、5月決算なら9月頃ということですから、決算期の違う会社に最低単位ずつ投資しておけば、毎月、プレゼントをもらうことだって可能になります。株主優待で外食費や交通費をほとんど浮かしてしまう、なんてことだってできるのです。

Column

『四季報』で見つける！
優待と配当金の実質利回りでトクする株

会社から株主への「季節のご挨拶」みたいなものが株主優待。

株式投資での最も大事な成果は「値上がり益」や「配当金」ですから、あくまでもプラスアルファの要素と考えておくべきですが、一定の金額に換算できる品物などが毎年継続して送られてくるということから、これを投資成果の1つと見なしたらどうか、という考え方もありでしょう。

そうすると、金額換算した株主優待を配当金に加えて利回りを計算することも可能です。「配当利回り」＋「株主優待利回り」という考えで、「総合利回り」とか「実質利回り」などと呼ばれることもあります。具体的に見てみましょう。

牛丼の「すき家」をチェーン展開するゼンショーホールディングスは100株保有している株主に対し、500円相当の優待券2枚、それぞれ期末と中間期末の年2回送っています。年間合計で2000円。1株

ゼンショーホールディングスの実質利回り

株主優待（100株以上）

500円相当の優待券２枚（年２回）＝年間2000円相当。

＋

配当（予想・2013年３月期）

１株当たり年16円　100株保有で1600円。

＝

実質利回り

（2000＋1600）円÷（996円×100株）×100＝3.61％

（『会社四季報』2012年夏号をもとに計算）

に換算すると優待券は20円に相当します。

　同社は2013年3月期に1株当たり年16円の配当が見込まれていますから、合計で36円が「優待＋配当金」。2012年7月6日現在996円の株価で利回りを弾くと、36円÷996円×100＝3・61％が「実質利回り」ということになります。

　中には「新築マンションの分譲価格の1％割引」（日神不動産）、「墓石工事代金の10％割引」（ニチリョク）など、使い方1つで高い価値を得られるサービスを実施している会社もありますので、案外、あなどれないのが株主優待制度なのです。

『会社四季報』には、株主優待一覧だけでなく、「株主優待を含めた実質高利回りランキング」が掲載されていますので、実質利回りが高い銘柄はそこでチェックすることができます。

　また、優待や配当狙いで株を買うときに注意したいのは、購入日。期末の権利確定日（株主名簿に記載される日）の3営業日前（これを権利付き最終日と呼びます）までに買わなければ、優待や配当の権利は得られません。

　権利確定日は、会社ごとに違いますので、きちんと調べておきましょう。各社にどんな株主優待があり、権利確定日がいつなのかを調べるには、『会社四季報』の巻末の「株主優待」欄が便利です。この欄には、優待を受けるのに必要な株数や優待内容も掲載されています。

　なお、優待や配当狙いで人気の会社の株は、期末に高騰し、権利落ち後に値下がりするのが普通です。お目当ての株は期末の直前に買うのではなく、安い時に買えるよう普段からチェックしておきましょう。

11 企業情報や株価はどこで調べる？

まずは『四季報』を使いこなす

株価の順調な値上がりと毎年の配当金、そして株主優待の贈り物。それが、株式投資の楽しみであることはこれまで見てきました。

あくまでも、うまくいけば……という条件がつくことはいうまでもありません。それが、うまくいくためには、業績が順調に拡大している企業を選ばなければなりません。

好調企業を探すには、どんなところで調べたらいいのでしょうか。

『会社四季報』、新聞・雑誌、インターネットというのが3強ツールといっていいでしょう。それぞれ性格が違い、使い方も気をつけなければいけません。

まず、企業の業績動向をチェックするには『会社四季

『会社四季報』は3月、6月、9月、12月の年4回発行
だから四季報っていうんだよ
3月
6月
9月
12月

報』で十分でしょう。企業の収益・財務の状況は年4回、「決算短信」という決算書類によって明らかにされます。『会社四季報』の記者はそれらをもとに突っ込んだ取材を重ねていきます。こうしてできた『会社四季報』は3月、6月、9月、12月の年4回発行されています。昔から「投資家のバイブル」といわれ、最も親しまれてきました。それを継続的に見ていけばいいでしょう。

年4回の発行では急激な変化に追いつけない？と思われがちですが、よほどのことでもない限り、企業の経営状態が数日とか数週間で急変するようなことはありません。株式投資では、日々の活動に一喜一憂したりせず、企業業績の方向や勢いをしっかりと把握しておくことが大事なのです。

新聞や雑誌のニュースにも注目

先行きの業績変化につながるような企業の動きは新聞や雑誌による情報収集でカバーします。新製品・新技術の開発、企業提携、増資、工場の事故……など緊急性の高いニュースは新聞にかないません。経済記事ではその名のとおり、『日本経済新聞』が群を抜きますが、朝日、読売、毎日など他の一般紙も経済記事に力を入れていて、時々スクープ記事を出しますから、チェックしておいた方がいいでしょう。『週刊東洋経済』と『週刊ダイヤモンド』の経済雑誌2誌はニュースの分析に威力を発揮します。

スマホでどこでも情報収集

さて、インターネットを通じた情報が最も鮮度が高いことはいうまでもありません。株式市場でも、第一報がネットやメール情報だった、というケースは少なくありません。しかし、だれもが感じているように、情報内容が信頼性に欠ける点は注意しなければいけないでしょう。要するに、玉石混交状態にあるのがネット情報。それをふまえて利用するようにすればいいのではないでしょうか。

もっとも、「株価」情報に関してはネットの利用が一番です。

後で詳しく見ていきますが、この本ではネット証券を利用した株式取引をお薦めします。とても便利で使いやすいからです。取引時間中など、現在の株価を調べるには、ネット証券のサイトでチェックするのが一番手っ取り早いでしょう。携帯電話やスマートフォンがあれば、外にいてもさっと調べることが可能です。

新聞の株価欄はどちらかというと縮小気味。掲載されている銘柄の数が少なくなっています。株価をチェックするには『日経新聞』以外はあまり役に立ちません。

一方、過去の株価データで重宝なのが『会社四季報』。上場来の株価データが掲載されているのは、市販の一般的な刊行物では『会社四季報』ぐらいです。過去3年分の株価チャートと併せてこれまでの動きを振り返る（そして、今後を予測する）には最適でしょう。

『四季報』、新聞・雑誌、ネットを使い分けよう

	会社四季報	新聞・雑誌	インターネット
情報の更新	年４回の発行	日刊・週刊・月刊など	随時
メリット	企業業績の方向を把握できる。過去の株価データも掲載	緊急性の高いニュースを入手できる。雑誌は特にニュース分析に強い	株価情報などどこにいてもすぐにチェックできる。過去の株価データもわかる
デメリット	日々のニュースは掲載されていない	過去のデータは掲載されていない	情報内容が信頼性に欠けるものも

Column

『四季報』はこんなに使える

「情報がとても多すぎる」「いったい、どこから見たらいいのか」「初心者には内容が難しすぎる」……といった声もあるのが『会社四季報』。「バイブル」といわれているわりには取っつきにくい印象も。でも、アレコレ盛り沢山だから、そんな印象も持たれますが、初心者向けのやさしい情報だっていっぱいです。

まず、入門者にとって、ぜひとも知っておきたいことを『会社四季報』から拾ってみましょう。

8136

㈱サンリオ

①会社名と証券コード
名前の似た会社がけっこうあるので、間違い予防にその銘柄固有の証券コード番号も知っていると便利。

特色　『ハローキティ』などキャラクター商品の企画・販売。海外ライセンスで利益の過半を稼ぐ

②特色
どんな会社なのかが書いてあります。いったい何をやっている会社なのか、社名だけではわからないことも多いのです。

③記事
最近の業績と今後の展望が書かれています。四季報記者による渾身の取材記事です。じっくり読むことをお薦めします。

続伸　国内物販やライセンス好発進。テーマパークは赤字縮小。前期急伸した米国なお拡大続く。商品調達原価低減も奏功。欧州市場混迷や円高の逆風あるが、会社側予想堅めで表記程度の収益視野。税負担増。

欧州　買収した英ミスターメンは絵本・菓子中心のキャラ展開をアパレルにも拡大、来期以降に利益一段増期待。東欧・ロシア、中近東等で現地ライセンス先開拓加速。

⑤過去の株価

最近の株価だけでなく、昔の株価水準をチェックしてそれぞれ比較すれば、もう値上がりしているのか、値下がりしているのか、だいたいの株価位置がわかります。

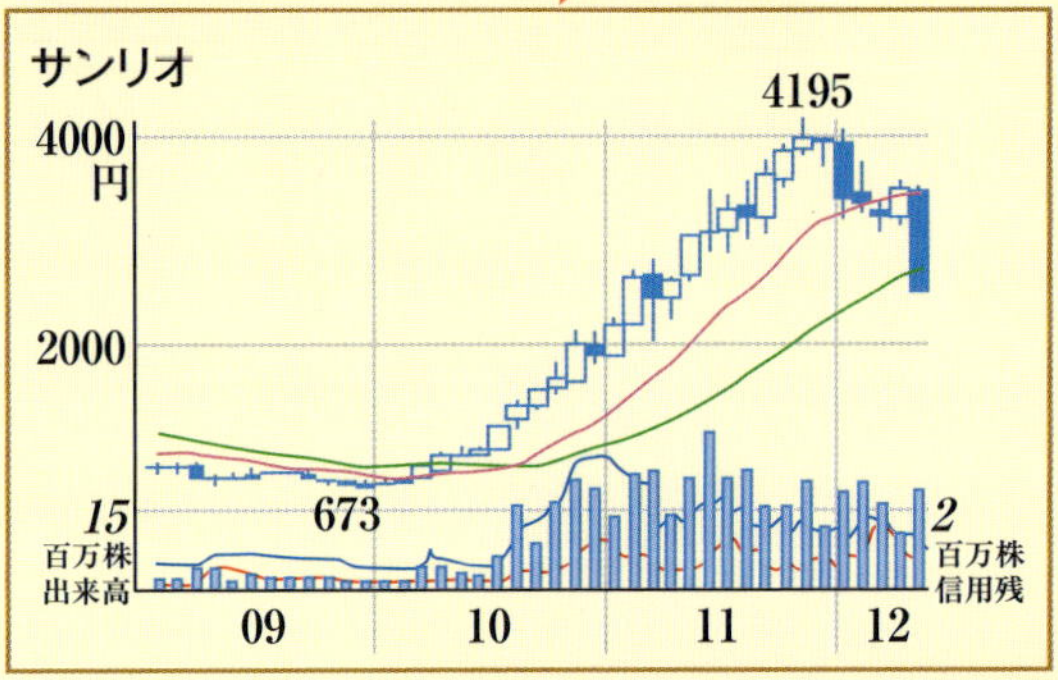

④PBR、PER

株価の割安・割高をみる株価指標です。今の株価水準が割安なのか、割高なのか、買い値、売り値を考える時の参考に。

株価指標	
予想 PER	（倍）
〈13.3〉	16.8
〈14.3〉	15.2
実績 PER	
高値平均	24.3
安値平均	12.4
PBR	6.18
株価（5/28）	
	2582 円
最低購入額	
	25 万 8200 円

⑥株価と最低購入額

株価はいくらなのか、購入するのに必要な金額はいくらか。これも知っておかないといけません。

⑦配当金と予想配当利回り

配当金はいくらもらえ、配当利回りはいくらなのか、これも必須チェック項目といっていいでしょう。

配当	配当金（円）
10. 3	10
10. 9	5
11. 3	15
11. 9	15
12. 3	25
12. 9予	20
13. 3予	20
予想配当利回り	1.55%
1株純資産（円）〈連12. 3〉	
418.1（301.8）	

12 どんなニュースに注意すればいいの？

インフルエンザ流行でどの株が動く？

「インフルエンザの流行が始まりました。例年より2カ月も早く、強力な新型〇〇型です」

朝のテレビニュースがそんなことを伝えているとします。きっと、マスクや抗菌剤、風邪薬を製造・販売している会社の株が人気を集めることでしょう。新型ワクチンを作っている製薬会社の株価なんか、急騰するかもしれません。

株価はニュースに敏感です。どんなニュースであっても、多かれ少なかれ株価に影響を与えると考えておくのがいいでしょう。そこで、「このニュース、関連企業は何？」と、いつでも推理する癖をつけましょう。そうすれば、株価がどんな反応をするか、そのパターンもわかってきます。そんな領域に達したら、もうベテラン投資家の域に入ってきます。

業績見通しが変わった株に注目！

さて、それではどんなニュースに注意すればいいのでしょうか。

最も重要なのは企業業績に関するもの。年4回の決算発表のほか、業績見通しに一定基準を超えた変化が現れた場合、上場企業は状況を公表することが義務づけられています。それによって、業績見通しが修正されると、株価が大きく動きます。利益が期待以上に出ることで、株式価値が高まり、株価は上昇します。それによって、値上がり益が拡大することになります。利益が増えれば、株価は上昇する——これが株式投資のキホンです。

株式市場の連想ゲーム

「インフルエンザの流行早まる」のニュースから起こる連想とその関連企業

インフルエンザ◎な会社

タミフルなど治療薬＝製薬会社
マスクで予防＝高機能マスクを生産する会社
殺菌剤・抗菌剤・ウガイで予防＝製薬会社
ワクチン接種で被害拡大を防ぐ＝ワクチンメーカー
外出を控えた人が家庭で食事する＝内食関連の食品会社

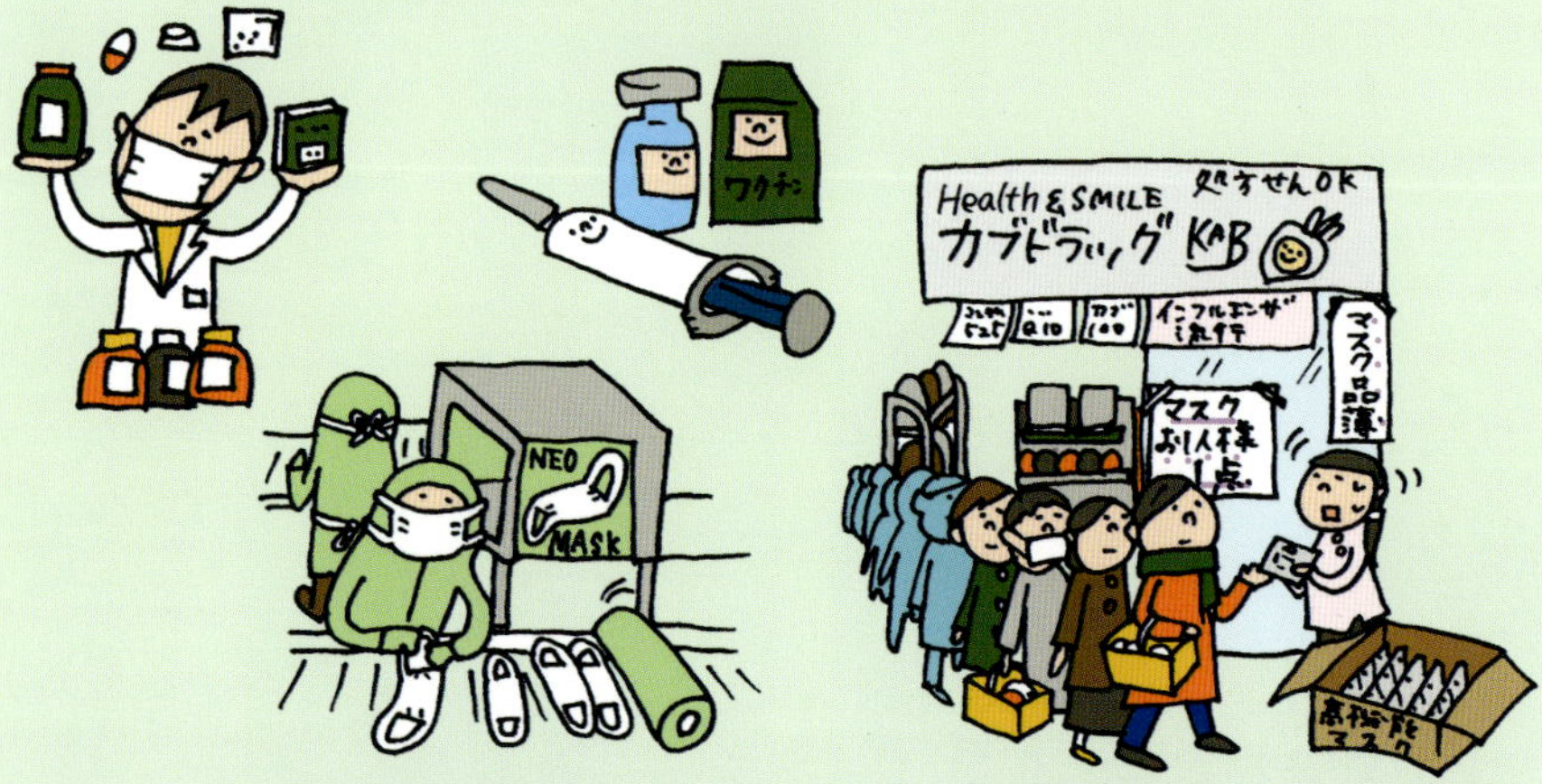

インフルエンザ×な会社

多くの人が外出を控える＝テーマパーク

こんなニュースに注意!

企業業績に関するもの=利益が期待以上だと株価上昇
海外ニュース=タイの洪水では、工場を持っている日本企業も被害に
マクロの経済統計=先行きを占う指標がたくさん
為替=円高になると輸出企業に影響が
経済政策=国が補助金を出したり、政策を変えたら要注意
流行・天候・災害=「AKB関連銘柄」も。流行には敏感になろう
市場発のニュース=アナリストの格付けで株価が動くことも

つまり、極端な話、すべてのニュースは「これで、その会社が儲けを増やすのか、減らすのか」によって、株価にプラスとマイナス、両方向の影響を与えるのです。

海外ニュースや統計にも敏感になろう

そのほか、海外のニュースも見ておきましょう。特に米国と中国は日本にとって最大の輸出先ですから、その好不況は日本の輸出産業に最も影響を与えます。

「GDP」「鉱工業生産」「機械受注」「景気ウォッチャー調査」など、マクロの経済統計も景気の好不調を通じて企業業績に影響を与えるため、株式市場では注目されます。

為替市況の変化は明暗二様の影響を株式市場に与えます。最も注目されるのは「ドル・円」「ユーロ・円」の市況ですが、円高になると自動車、電機、精密、機械などの輸出産業がダメージを受けることが懸念され、そうした業種に属する会社の株価が値下がりします。

逆に、円高は海外から商品や原材料を輸入している会社にはメリットになりますから、輸出関連銘柄が売

られる反面、家具やアパレル、食料品などを海外生産している会社、輸入販売している会社の株は上昇しやすくなります。

国の政策の関連銘柄や流行もチェック！

また、国の政策が動くとき、その関連銘柄には、大きく値上がりする銘柄が現れるものです。最近は、太陽光など再生エネルギー発電に関して国が支援策を実施したため、関連銘柄が注目されています。

先に紹介したインフルエンザがそうであるように、社会的な出来事だって、株価と無関係ではありません。流行や天候、震災など、一見、株式とは関係がないような話題でも、実は密接な関わりがあったりしますから、注意を怠れません。

2012年6月、人気アイドルグループ・AKB48のメンバー人気投票「総選挙」が国会での総理大臣信任投票以上に注目されたことがありました。その投票システムを受託運営したパイプドビッツというデータ管理会社は「AKB関連株」として株式市場でも注目され、株価はわずか2週間ほどで4倍に急騰しました。

また、企業の経営状態を分析し、株価格付けを行う専門家のアナリストが「格付けを引き上げた」「引き下げた」という話題は市場関係者にとって重要な情報です。これで株価が動くことが少なくありません。

最後に、東京証券取引所のHPにある企業情報の「適時開示情報閲覧サービス（TDnet http://www.tse.or.jp/listing/disclosure/）」から直接、情報を取ることもできます。このTDnetでの情報公開を含め、企業が自ら情報公開することを「IR活動」といいます。株主を集めて業況説明会を開いたり、株主向けの情報誌を発行したり。中には、工場見学会を開催する企業もあります。HPからの情報発信も充実してきました。関心のある企業から直接、情報を取ることもできるのです。情報を集める手段も多様化してきています。

2時間目

まず、口座を開設し、仕組みを知ろう

1 株はどこで買える？ 証券会社の選び方

ネット証券なら気軽でカンタン

「証券会社って敷居が高い」「お金持ちしか相手にしないんじゃない？」「なんか怖そう」……証券会社ってそんな印象を持つ人もいると思います。

確かに、かつての証券会社はそんなイメージでした。

でも、それは10年以上も昔の話。今では、ずいぶんとイメージも変わっています。

そもそも株の取引は証券会社でしかできません。どんなにイメージが悪かろうと、私たちが株取引を始めようと思ったら、証券会社に行くしかありません。

ただ、いまや個人投資家の売買の中心はインターネット証券です。怖そうなオジサンもいなければ、煩わしいセールスマンもいない。一度覗いてみませんか……といっても、ネット証券はお客さんと応対する店舗を持っていないところがほとんどです。

対面型かネットか選ぼう

まず、旧来の対面型証券とネット証券。どちらが取引先としていいのか。これについては一長一短としかいいようがありません。代表的なのは相談相手が欲しいかどうか。「信頼できる人がいるなら、相談できる営業マンが欲しい」と不安げな人もいれば、「そんなのは煩わしいだけ」という独立独歩型も。この本では、個人投資家の皆さんがそれぞれ自立した投資家に育っていくことを想定し、ネット証券を紹介しています。「自己責任」という言葉もありますが、最初から最後まで自分一人の判断によって成功するなら投資の楽しみもひとしお、といっていいでしょう。そのために必要な知識やスキルはこの本で学んでいただきたいと思っています。

さて、インターネット証券にも2種類あります。

店舗を持ち対面型取引とネット取引を兼営している証券会社（これには、野村証券や大和証券など従来の大手証券会社も含まれます）と、ネット取引だけのネット専業証券。私たちはネットで取引ができればいいのですから、どちらでもかまいません。ネット証券のいいところは以下の点。①すべて郵送で口座が開けるから、店頭に出向く必要がない、②口座開設は無料。維持費も無料（一部には、口座管理料・維持料を必要とする証券会社があります）、③売買手数料が安い（ネット証券間の競争が激しく、手数料の引き下げ競争が潜在しています）、④情報が充実している（株価やニュース、チャート情報などの充実ぶりは素晴らしいものがあります）。そして、これが一番大事なことですが、⑤自分で素早く注文を出せ、取引が成立したかどうかがすぐわかるし、取り消しもできることなどが挙げられます。

兼営型と専業型を含め、インターネットで取引できる証券会社は40社ほどあります。口座を開いたからといって、すべての証券会社と取引する必要はないので、「お試し」でいくつか口座を開いて相性のいい証券会社と取引してみたらいいでしょう。

2 口座を開設してみよう

口座開設はこんなにカンタン！

　証券会社とのつきあいは、口座開設から始まります。最初の印象ってとても大事ですよね。

　口座開設の手順は次のようになります（一般的なパターンですが、証券会社によって微妙に違ったりしますから気をつけてください）。

　まず、目をつけたネット証券のＨＰから「口座開設のページ」を開きます。そこで指示されている項目に必要事項を記入し、送信すると、数日後に「口座開設申込書」が郵送されてきます。ＨＰを経由せずに、その証券会社のコールセンターに電話して「口座を開設したい」と申し込んでも同じことです。

　送られてきた「口座開設申込書」に必要事項を記入し、捺印。運転免許証・健康保険証などの本人確認書類のコピーを添付して送り返します。

　２週間ぐらいすると、手続きが完了したという通知が送られてきます。これであなたの口座が開かれました。顧客専用ページに入るためのＩＤ、パスワードも同封されてきますから、それで専用ページに入ります。

いよいよ口座に入金

　購入代金や収益金を入出金するための銀行口座は取引口座開設を申し込んだ時に指定しておきます。そこから証券会社が利用している銀行口座に購入代金を送金しておけば、いつでも株式の購入を始めることができます。

　指定銀行への入金手数料については、顧客が負担する証券会社と、その証券会社自身が負担する場合があるので事前にチェックしておきましょう。

主なネット証券会社一覧

SBI 証券	https://www.sbisec.co.jp/
カブドットコム証券	http://kabu.com/
GMO クリック証券	https://www.click-sec.com/
松井証券	http://www.matsui.co.jp/
マネックス証券	http://www.monex.co.jp/
楽天証券	https://www.rakuten-sec.co.jp/

口座開設はとってもカンタン
1 証券会社の口座開設サイトを開く
OPEN!
2 必要事項を入力、送信!!
ポチリ
3 「口座開設申込書」が郵送されてくるので必要書類を返送
以上
コトン
4 口座開設、
ご入金完了だって
OK!
取引スタート

3 どうやって注文するの？

実際に注文してみよう

ネット証券に口座を開いたら、すぐに株を買ってみたくなります。

でも、口座に必要資金（購入代金＋手数料）がないと、株式の購入はできません。これを「完全前受制」といいますが、「後で払うから、ちょっと立て替えておいて」ということはできないのです。当たり前のことですが、売り注文も口座で保有していない銘柄の注文は受け付けてくれません。

実際に買う手順を見てみましょう。

注文画面を見ながら、①何を、②買うのか、売るのか、③何株か、④いくらで注文するのか、⑤注文はいつまで有効か、などに注意しながら、入力します。

ルールを理解して間違えないようにしよう

注意すべきことが5つあります。

（1）「ニラコ」（工業用ファスナー）と「ニプロ」（医療用機器）、「日本郵船」（海運会社）と「USEN」（有線放送）など、名前の似た会社があるので、自分が買いたい銘柄を間違えないこと。上場銘柄にはすべて4ケタの銘柄コードがついています。それで確認するのがいいでしょう。

（2）「売り」と「買い」を間違えるのは論外。ただ、自分が保有していない銘柄を「売る」ことはできないので、これはチェックで自動的にはじかれます。困るのは売りたい銘柄を買ってしまうこと。「この高値で売れれば大儲け」などと悦に入っていると、思わぬ高値買いをしてしまうので注意しましょう。

③**株には売買単位の決まりがあります**。1株、10株、100株、500株、1000株などの売買単位を基準に、その整数倍のセット売買が基本。売買単位が1000株の銘柄を500株だけ買うことはできません。注文画面ではあらかじめ「1000株」など銘柄固有の単位表示があるので間違いは少ないけれど、気をつけましょう。

④値段の注文の仕方は基本的に2つ。**「いくらでもいいから、早く買いたい（売りたい）」という時には「成行（なりゆき）注文」**という方法。これだと、急いで売買できるけれど、思ってもいなかった値段で売買が成立してしまうことがあります。**あらかじめ値段を決めておくやり方が「指値（さしね）注文」**。予定していた値段の範囲内で収まるけれど、なかなか売買できない可能性があります。最初のうちは「指値注文」でじっくり待つ、というのがいいでしょう。

⑤注文は当日限り、というのが普通のケース。その日の取引時間が終わると失効してしまいます。これに対し「今週いっぱい」とか、「○○日まで」と期間を延ばした注文もできます。

その他、予算が足りない場合は「ミニ株」とか「ワン株」といった単位未満株の注文を受けつける証券会社があります。これは証券会社の独自サービスですから、会社によって仕組みが微妙に違うので、その証券会社で調べておきましょう。

4 注文する時、見ておきたいものって何？

板情報を見て売買金額を考えよう

いくらで買いたい（売りたい）と決めておいて、その値段がつくまでじっと待つ――最初のうちはそれでもいいでしょうが、株価は勢いがつくとどんどん動いてしまいます。慣れてきたらもっと機敏に動きたいもの。リアルな相場を見ながら注文できるのがネット証券のいいところですから、それを活用しない手はありません。

注文する際にぜひともチェックしたいのが「板情報」の画面です。現在、どの値段に何株の注文が入っているかを表示した画面のこと。単に「板（いた）」という人もいます。買い注文、売り注文のそれぞれ上下８本の注文状況が表示されていて、売りが多いのか、買いが多いのかが一目瞭然です。

「売りたい人が多いので値下がりしそう」「下値に買い物が多いので下がりそうにない」といった相場読みも可能です。日々、短期の売買を行っているデイトレーダーもこれを参考にして売買しています。

指値注文を出す場合、この板を見れば、「大体この値段なら約定（売買）できるな」といった見当をつけることが可能なので、いつまでも約定できずに待たされる、といったことが防げます。

なお、この板に表示されているのは指値注文だけ。成行注文はすぐ約定されてしまうので、表示されません。

取引には値幅制限がある

株取引の大事な決まりごとについても見ておきましょう。

板情報で売買の様子をつかもう
（現在の注文状況）

売気配株数	気配値	買気配株数
28000	226	
123000	225	
32000	224	
35000	223	
58000	222	
48000	221	
56000	220	
46000	219	
	218	35000
	217	42000
	216	51000
	215	67000
	214	53000
	213	46000
	212	31000
	211	15000

指値の「売り」注文

指値の「買い」注文

まず、**取引は「時間優先」「価格優先」の原則で行われます**。同じ時間に出た注文は価格が高い買い注文、価格が安い売り注文から先に執行されます。同じ価格なら、時間が先に出た注文が優先です。

取引値段は価格帯によって一日に動く幅が決まっています。これを「制限値幅」といい、**制限値幅いっぱいまで上昇した価格を「ストップ高」、制限値幅いっぱいまで下落した価格を「ストップ安」**といいます。それ以上は値段がつかないので、「ストップ高（安）」というのです。

時間優先、価格優先

▷同じ価格なら先の注文を優先

▷同じ時間に出た注文

・買い注文 ⇨ 高い価格優先

・売り注文 ⇨ 安い価格優先

制限値幅

▷価格帯によって1日に動く幅が決まっている。

制限値幅いっぱい → ストップ高

→ ストップ安

5 短期投資と長期投資、どちらがいいの？

ビギナーはちょっとずつ、長い目で

株の取引には短期投資、中・長期投資、そして一日の間で売買を頻繁に繰り返すデイトレードなどのやり方があります。取引に慣れてくれば、自分なりのやり方ができてくるものでしょうし、自分なりの工夫を凝らせばいいことだと思います。

ただ、ビギナーは「慣らし運転」のつもりで余裕を持った投資がおススメ。投資資金も無理のない範囲とし、余裕を持った小口投資にとどめておきたいものです。投資期間も企業の成長を見守る、くらいの気持ちでじっくり型の投資を心がけるべきでしょう。期間はできれば数カ月以上を念頭に、日々の値動きにあまり一喜一憂しないやり方がいいと思います。

株式投資で成功するには経験も重要な要素になります。最初の慣らし運転のうちに、いろいろなことを勉強していけばいいのです。

いきなり信用取引はダメ

株の取引には、①証券会社から購入資金や売却株券を借りて売買する信用取引、②まったく自己の資金、自己保有株券で売買する現物取引の2種類があります。

このうち、信用取引には担保となる資金や有価証券が必要ですが、その担保の何倍もの注文を出せるというメリットがあります。

しかし、思惑が外れた場合の損失も何倍にもなるので、ビギナーにはやや無謀な取引と考えましょう。実際、証券会社では投資経験の有無などを信用取引の条件とするところが多いようです。

ビギナーはいきなりの信用取引は
現物取引で!!
ダメ!!
慣らし運転感覚で（小口投資）
そ〜っ
◎な ビギナー投資家
株式投資で成功するには
乗れた!!
「経験」が必要
投資した企業をじっくり見守る
じっくり
ぐ〜ん

証券会社から購入資金や売却株券を借りて信用取引をする
これで大儲けできる…
×なビギナー投資家
いきなりフルスロットルで
日々の値動きに一喜一憂…
株式投資を失敗してしまう理由…
オロオロ
おちついて!!
冷静に状況判断できない
下がった!! 売ろう
また!?
慌てて短期取引をくり返す。（じっくり企業研究できていない）

6 税金とか面倒じゃないの？

特定口座なら計算不要！

税金はだれでも悩みのタネです。株の取引で儲けが出たら、だれだって税金を払わなければいけません。

売買益に対する税金（キャピタルゲイン課税）は現在一律10％。原則として、1年分をまとめて納めなければいけません。計算するのはやっかいだし、わざわざ税務署に出かけていくのも億劫……ってだれでも考えます。

そこで便利なのが「特定口座」という仕組み。証券会社にこの特定口座を開いておけばいいのです。実際、多くの投資家は特定口座を利用しています。

ただ、その特定口座にも2種類あるのが、やっかいな点です。

取引のたびに証券会社が儲けから税金分を天引きし、税務署に納めてくれる「特定口座・源泉徴収あり」という制度。これを選ぶと、1年間の課税関係はこれだけで済んでしまいます。

税務署に1年分の取引収支を報告して確定申告する、という人なら「特定口座・源泉徴収なし」を選ぶのがいいでしょう。これだと、1年間の取引についての収支明細が翌年初めに証券会社から送られてきますから、それを持って税務署に申告すればいいのです。少なくとも自分で税金を計算する手間が省けます。

「税金もすべて自分で計算したい」と、他人任せが嫌な人は「一般口座」を選んで自分で管理することもできます。

「特定口座・源泉徴収あり」ならラクラク

	メリット	デメリット
特定口座・源泉徴収あり	確定申告不要。証券会社が年間取引報告書を作成してくれるので、計算不要	売却益が年間20万円以下でも源泉徴収されてしまう
特定口座・源泉徴収なし	売却益が年間20万円以下なら確定申告しなくてもよい。確定申告の際、証券会社が年間取引報告書を作成してくれるので、計算不要	売却益が年間20万円超の場合は、要確定申告
一般口座	売却益が年間20万円以下なら確定申告しなくてもよい	売却益が年間20万円以上の場合は、要確定申告。自分で年間取引報告書を作成する必要がある

「特定口座・源泉徴収あり」がカンタン

では、おススメは？

煩わしさを嫌って「特定口座・源泉徴収あり」を選ぶ人が多いようです。売却益が年間20万円以下でも源泉徴収されてしまうというデメリットはありますが、確定申告不要なので、難しい計算も手続きもいりません。

年間を通じて損失がない、といった幸福な投資家の場合はこれでいいはずですが、いつもそんなハッピーな状態でいられるはずもありません。損失が出た場合、申告するとその分を翌年の利益から差し引くことができるという制度（損益通算）がありますが、それを利用するには、確定申告しないといけません。

また、専業主婦の場合は、「特定口座・源泉徴収あり」にしておかないと、年間の合計所得金額が38万円を超えた場合に、配偶者控除を受けられなくなるので注意しましょう。

いずれにしても、税金については、投資家のおかれた状況によってケースバイケース。日頃から研究しておくことが必要でしょう。

Column

独特の市場用語を知って通になろう

日本の株式市場というのは歴史の古い世界。昔から使われてきた市場用語がいまだ数多く残っています。株価の動きや投資家の心理状態を理解するため、この独特な言い回しに慣れておきましょう。

アク抜け…減収、減益、赤字転落などの悪い材料が出るだけ出尽くして相場が落ち着きを取り戻すこと。

もちあい（保ち合い）…株価の動きが小さくなり、一定の範囲で小幅の上げ下げに終始している状態。売買高が減って商い閑散となることが多いです。

切り返す…一時的に売りが出て株価が下げたあと、再び買い気が盛り返して株価が上昇する動き。

利食い売り…買った株が上昇し、評価益となった段階で売ること。最近では「利益確定の売り」といいます。逆に、損失を覚悟で売るのが損切り。

押し目買い…上昇基調の相場のなか、買い気は強いけれど、株価が一時的に下げるのが押し目。一時的な下げをチャンスとみて買うのが押し目買い。

戻り売り…下落基調の相場のなか、売りが優勢だけど、株価が一時的に上げるのが戻り。一時的な戻りとみて早めに持ち株を売却するのが戻り売り。

塩漬け…業績面などから値上がりが見込めない手持ち株を見切らずに長期間保有し続けること。

材料出尽くし…株価は先見性があるといいます。株価上昇につながるような好材料、下落につながるような悪材料も事前に予想されていて発表後には株価が逆の動きをすることがあります。そのようなときに「材料出尽くし」とか「織り込み済み」といわれます。

3時間目

儲かる株はこうして探す その①

1 会社の数字、どこを見ればいい？

優等生企業を割安な時に買う！

2011年は日本経済にとって散々な年でした。東日本大震災やタイ洪水被害など天災に祟られただけでなく、歴史的な円高、ユーロ危機、政局の混迷など、厳しい嵐が吹き荒れたことで、日経平均（144ページで説明しますが、日本を代表する株価指標の1つ）はざっと2割近く値下がりしました。

ところが、ここに面白いデータがあります。そんな散々な年の日本市場で、株価が年初から見て2倍以上になった会社は227社もありました。

では、あの、ショック安となった3月の東日本大震災の直後に買っていた、としたらどうでしょう。とすると、株価2倍以上の会社は542社とほぼ倍増します。

この事実から導き出される結論は明快です。①全体相

場が下げ基調でも値上がりする優等生企業を、②さらに割安な時点でタイミングよく買うこと、それで、投資の成果は確実に上昇します。これはとても大切なことです。

「それって、どんな企業？」

知りたいですか。でも、教えません。なぜなら、これは2011年という、過去の出来事だからです。

私たちは、これから（ここが大事！）株価が2倍、3倍になる企業を探さなければいけません。これから値上がりして、私たちに儲けをもたらしてくれそうな会社、それを他人から教えてもらうのではなく、自分で探すスキルを磨いていかなければいけません。

大事なのは、儲かる会社の発掘法。それをこれからマスターしましょう。まず、業績のいい会社、利益をしっかり稼いでいてこの先もどんどん伸びる会社にたどりつくため、まず、会社の決算書類の見方に慣れておきましょう。

「決算書類？　何か、難しそう……」

うーん、誰でも、最初はそんな印象、ですよね。でも、これって企業選びにとっても大事。これを見れば、その企業の経営の状態がわかるのですから。

損益計算書で経営状態をチェック！

会社の業績や財務状況など経営の状態を教えてくれるのが、1年間の経営活動の結果得られた売上高や利益を記した①「損益計算書」、会社の財産状態を記した②「貸借対照表」、期間中の資金の出入りを記した③「キャッシュフロー計算書」の3つの書類。ま、いってみれば①「通信簿」、②「健康診断書」、③「小遣い帳」のようなものでしょうか。

これらを合わせて財務諸表といいますが、いずれも企業分析には不可欠な書類です。

まず「損益計算書」を見れば、その会社がどのくらい稼いでいるかがわかります。簡単に見ると、次ページの表のような構成になっています。

売上高だけでなく、「利益」が3つもありますね。総収入である売上高から色々な費用を順番に差し引いていくことで、3段階のそれぞれ性格の違った利益が計算されています。儲け=利益が大事ということは、こ

損益計算書の構成

売上高	商品を販売したり、サービスを提供したりすることによって得た収入
営業利益	売上高から、原材料費・仕入れ費用などの売上原価と広告宣伝費などの販売費・一般管理費を引いて残った利益。「本業での儲けを示す利益」ともいわれる
経常利益	営業利益から金融収支（借入金利息・預金金利）や為替差損益など営業外の収支を差し引きして残った利益。持分法子会社の損益も反映
当期純利益	経常利益から、この期に特有な特別損益を加減し、税金の支払い、少数株主利益の支払いなどの調整を行って最終的に残った利益。単に「利益」とか、「最終利益」とも呼ばれる。株主に帰属する利益

今年度はこんな感じです
会社の損益計算書は1年間の成績表みたいなものか…

れまでの話からわかると思います。

では、このうち、どの利益に注目したらいいのでしょう。それを次に見ていきます。

株主にとって一番大事な当期純利益

株主にとって、一番重要なのは最後の「当期純利益」です。いろいろな費用や税金などを支払って最後に残ったものですから、最終的には、株主が自由にしていい利益ということになります。「株主に帰属する利益」などといわれます。原則として、配当金の原資となりますから、儲けに比べて配当金が少なくないかを見ることができます。

さらに、後で見るＰＥＲという投資尺度の基準ともなる重要な利益が、この当期純利益です。

ただ、この当期純利益は特別損益の影響を受けやすいという欠点があります。例えば、２０１１年に起こったタイ洪水被害で工場の操業が一時的に止まった各社は、その損害を２０１１年度の決算で一斉に特別損失として計上しました。土地の売却益や株価下落などによる有価証券評価損などもここに計上されます。

　こうした特殊要因が入るため、「儲ける力」を継続的に分析するにはちょっと不十分です。

営業利益を見れば本業の実力がわかる

　その会社が備えている実力を見るには、本業の儲けを示す営業利益の方がふさわしいでしょう。総収入である売上高から、製品の原材料費や商品の仕入れ費用、工場で働いている人の人件費など「売上原価」と、広告宣伝費や販売費用、販売・総務部員の人件費など「販売費・一般管理費」という、その会社の基本事業に関わる費用を引いて残った利益です。

　「損益計算書」では、セグメント情報といって事業部門ごとの売上高と営業利益が開示されていますから、「部門別の儲ける力」もわかります。

　では、経常利益はどうでしょう。これは、営業利益に金融収支や為替差損益が反映されますから、輸出企業の実力評価には役立ちます。

　また、持分法損益といって、一定比率で出資している傘下企業の損益も反映されますから、グループ会社の多い会社を分析する際は注意しましょう。

　以上、会社の実力を評価するには、営業利益を中心に、経常利益にも目配りする。株主の持分利益を見るには当期純利益――が基本的な利用の仕方、といっていいでしょう。

本業で儲かっているかは
営業利益でわかるのね

2 安全性はどこで見る？

頑丈な会社かを見るには貸借対照表をチェック

世間でどんなに厳しい風が吹いていようとも、なかなか倒れそうにない「頑丈な底力」を備えているかどうかを見ることも大事です。

それには、もう1つの財務諸表である「貸借対照表」が頼りになります。貸借対照表は図のように、左側が「資産の部」、右側が「負債の部」＋「純資産の部」という構成になっています。右側はその会社が現在、事業で活用している資産の原資となる資金をどんな形で調達してきたかを示しています。

そのうち「純資産の部」というのは返済義務のないおカネです。覚えていますか、23ページで紹介した「このおカネ、使っていいよ」と提供されたおカネはここに計上されているのです。そうした株主の出資である資本金のほか、これまで会社が稼いできた利益の蓄えである利益剰余金もここに入っています。つまり、株主が自由に処分していい資産ということで「株主持分」、あるいは「株主資本」「自己資本」などと呼ばれます。

その上の「負債の部」は文字どおり、返済義務のあるおカネ。支払手形、買掛金、借入金など返済義務があり、一定の利払い負担もあります。そのため「他人資本」ともいいます。

自己資本比率が高い会社は安定している

一方、他人資本であれ自己資本であれ、調達された資本が決算期末現在でどう活用されているかを示すのが左側の「資産の部」。具体的には、現金・預金、売掛金、有価証券、原材料、製品・商品、土地、建物などで構成されています。

ここで大事なのは、右側と左側の金額が合致すること。元手とその利用法を示したものですから、当然です。

そのため貸借対照表といわれます。英語だと、バランスシート。この方がわかりやすいでしょう。

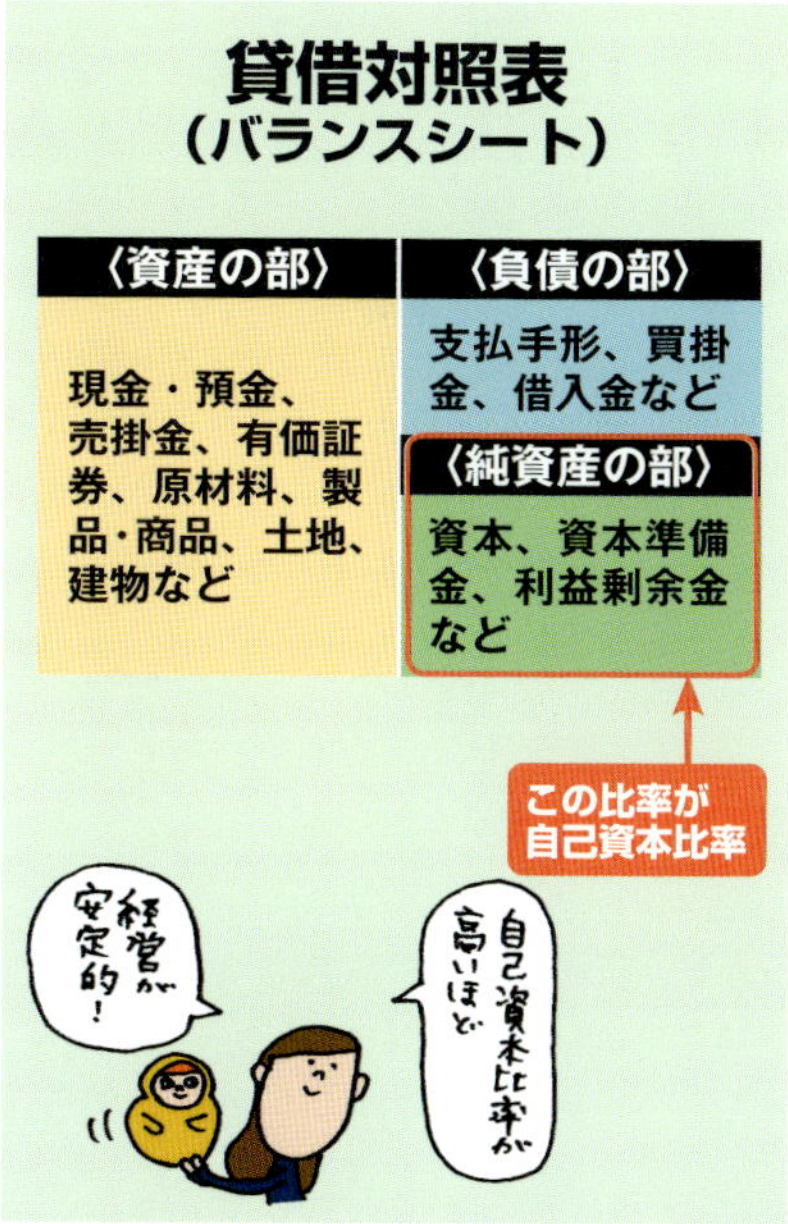

資産全体（総資産と呼ばれます）に占める「純資産」の比率を見たものが「自己資本（株主持分）比率」。この比率が高ければ、返済義務のない資金を中心に経営されていることを意味し、「経営の安定度が高い」と見なされます。

最後に、財務諸表のうち「キャッシュフロー計算書」にも注意しましょう。

キャッシュフロー（CF）というのは現金の出し入れのこと。営業活動で稼いだ売り上げのおカネ（営業CF）を設備導入など投資に回し（投資CF）、その過不足を銀行への返済や借り入れなど財務活動で調整する（財務CF）という関係があり、それぞれのCFが計算書に書き込まれています。ですから、営業CFは本来プラス、投資CFは会社が成長を続けるためにはマイナス。調整役の財務CFはプラスになったり、マイナスになったり……というのが一般的です。

3つのCFを加減して残った資金を「現金同等物」といい、これは純粋な手元資金を示します。これが多ければ、万が一の事態にも備えることができる虎の子。あまりに多いと、企業買収の標的にもなってきます。

3 成長している会社かどうかはここに注意

利益の伸び率に注目!

儲かる会社って、どんな会社でしょうか。

それは、いうまでもありません。「利益が伸びる」会社です。それも、前々期に比べて前の期の利益の伸び率が高く、今期の予想利益の伸び率も高い会社は株価上昇が期待できます。

インターネットの交流サイト「モバゲータウン」を運用し、ソーシャルゲームで急成長、ついにはプロ野球の球団まで買収してしまったディー・エヌ・エー。この会社が上場した2005年当時の営業利益は4億8200万円でした。それが、7年後の2012年3月期には634億1500万円と実に132倍に急成長しました。それを受けて株価も、この間6倍余りまで急騰しています。

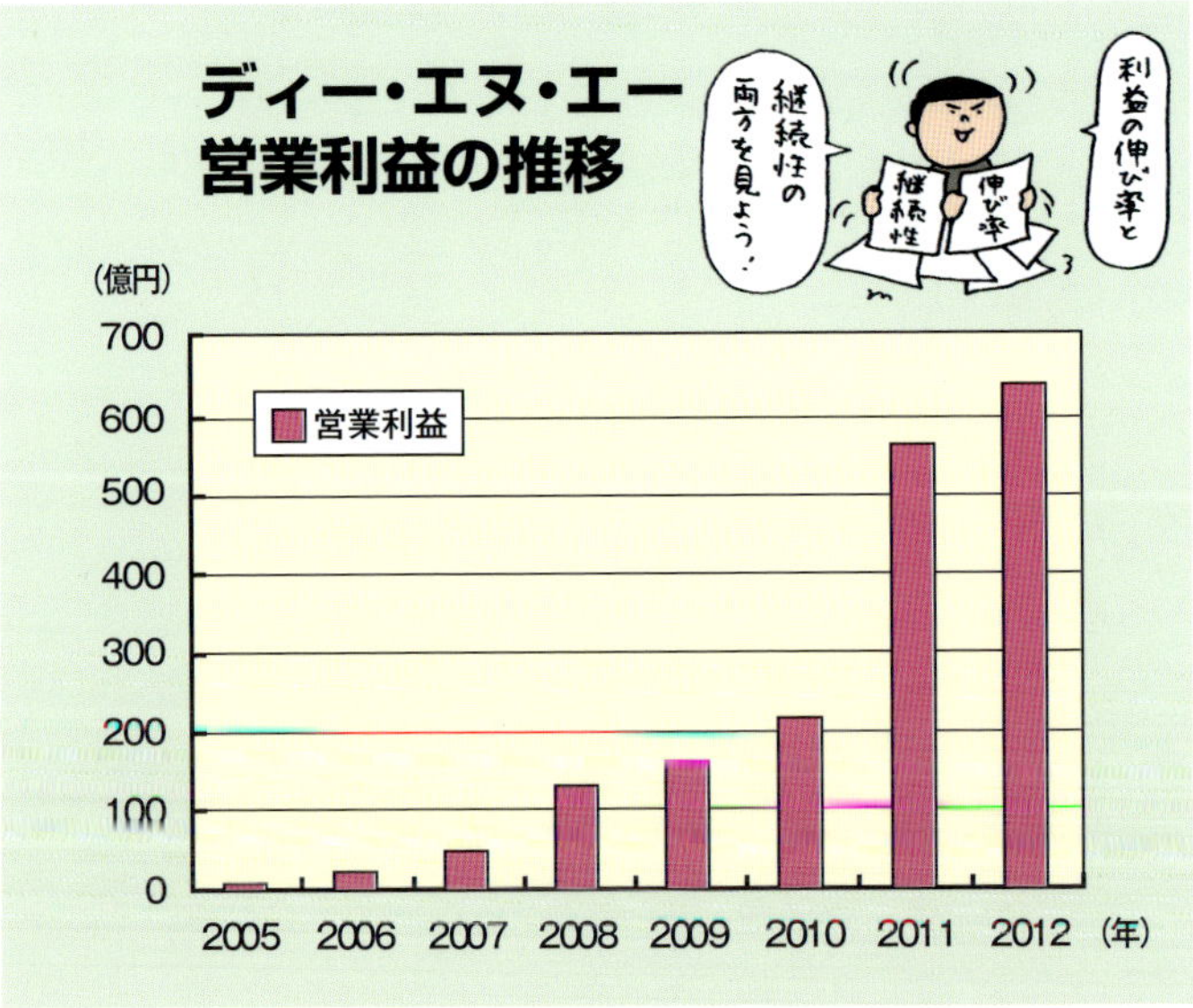

ディー・エヌ・エー
営業利益の推移

急成長している会社は、配当金を増やすのもそうですが、それ以上に、株式分割を行うことが多く、それによって株主は持ち株を増やし、実質的な増配効果を享受することができます。ディー・エヌ・エーも2度の株式分割で株主の持ち株を増やした経緯があります。

　利益の伸び率は過去の損益計算書から数字を拾ってきて比較すれば、これまでの変化はわかります。今期の利益の伸びが高くても、一時的なものではいけません。必ず背景もチェックしましょう。

利益が継続的に伸びている会社を探そう

　利益の伸び率の高さとともに、その利益増加が「継続的であるかどうか」が注目点となります。

　例えば、カジュアル靴の専門店チェーンを展開するエービーシーマートは2012年2月期まで9期連続で過去最高の経常利益を更新中という華々しい記録を持つ会社として知られます。利益の伸び率はディー・エヌ・エーほど高くはないのですが、9年連続というのが光ります。

積極的な出店戦略に海外調達による豊富な品揃え。そして社会的な健康ブームという背景が追い風。とはいえ、相次ぐ金融機関の破綻やその後の景気落ち込みを乗り越え、リーマンショックをも克服して利益を積み上げてきた、ということはもともと経営力の強さがないとできないこと。経営に「儲ける力の遺伝子」が組み込まれているかどうか、これも要チェック項目といっていいでしょう。

会社の実力は利益率に表れる！

「利益率」という考え方にも注意しておきましょう。

売上高から原材料費などの売上原価を引いたものを

売上総利益といいます。一般的には「粗利益（あらりえき）」という言い方の方がポピュラーかもしれません。売上高に占めるその比率を計算したのが「売上総利益率」という指標。これは、その会社が利幅の大きな商品を扱っているかどうかを見るのに役立ちます。

利幅の小さい商品だと、とにかくたくさん売りさばかないと利益は増えません。そこで、他社との競争にさらされ、景気変動にも左右されるなど経営は安定しません。利幅が大きいということは、付加価値が高いということでもあります。高くても売れる、ニーズの多い商品・製品といえるでしょう。

売上総利益からさらに販売費・一般管理費を引くと、営業利益になりますが、この営業利益が売上高に占める比率を見るのが「売上高営業利益率」という指標。これは本業での儲ける力、その会社にとっては真の実力を示します。

売上高も利益も増えている企業が理想的

さて、これまで利益ばかりに注目してきましたが、売上高も忘れてはいけません。

そもそも会社はモノやサービスを売って収入を得ています。その売上高があってはじめて、利益も生まれるわけです。売上が減れば、利益も減ります。売上高が減り続けているような会社には未来はありません。

だから、本来は売上が伸び、それも、高い伸びが継続的、そして利益も——というのが理想的です。最近は売上が不振でも人員削減や不採算部門撤退などリストラによって一時的に利益を出す企業も少なくありませんが、そうした利益はいつまでも続くものではありません。逆に、売上高が増えていれば、経費が増えても利益を増やすことは可能です。

Column

『四季報』なら簡単に読み取れる業績数字、財務指標

本文で解説している業績数字や重要経営指標などは『会社四季報』で簡単に見ることができます。

「損益計算書」「貸借対照表」「キャッシュフロー計算書」の財務諸表は企業の業績や財務内容、経営状態を見るうえで重要な資料ですから、先行きは読みこなせるようになりたいものですが、ビギナーのうちは『会社四季報』の記載だけで株式投資には十分に役立ちます。

この「3時間目」で紹介した数字の一部を次に見ていきましょう。業績数字は過去5期間分ありますから、これまでの推移はこれでチェックできます。「貸借対照表」による財務指標、「キャッシュフロー」データもバッチリ。コンパクトにまとまっているのが便利です。

トヨタ自動車の例

【財務】<◎ 12.3 > 百万円	
総資産 30,650,965	← 総資産
株主持分 10,550,261	← 自己資本
株主持分比率 34.4%	← 自己資本比率

【キャッシュフロー】 億円	
営業 CF 14,524 (20,240)	← キャッシュフロー
投資 CF ▲ 14,426 (▲ 21,163)	
財務 CF ▲ 3,553 (4,343)	
現金同等物 16,792 (20,807)	

売上高 → 売上高　営業利益 → 営業利益　経常利益 → 税前利益　利益(当期利益) → 純利益

【業績】(百万円)	売上高	営業利益	税前利益	純利益
◎ 08. 3	26,289,240	2,270,375	2,437,222	1,717,879
◎ 09. 3	20,529,570	▲ 461,011	▲ 560,381	▲ 436,937
◎ 10. 3	18,950,973	147,516	291,468	209,456
◎ 11. 3	18,993,688	468,279	563,290	408,183
◎ 12. 3	18,583,653	355,627	432,873	283,559

4 「危ない会社」かどうかはここを見る！

株主持分比率が低下し続けるのは危険

会社を入念に研究・分析したけれど、実際に選んで投資したら「思ったほど儲からなかった」「ほとんど利益が出なかった」などというのはよくあること。でも、儲けが少ないぐらいはいい方で「株価暴落で大損が出た」などは困りもの。そんな被害に遭わないよう、危険性に対するチェックポイントを見ておきましょう。

×株主持分比率低下　株主持分比率（自己資本比率）は貸借対照表の株主持分を総資産で割って求めます。

会社の財務の安全性を見るには、この比率が高い方がいいということはすでに見ました。100％に近いのが理想的ですが、50～60％ぐらいあれば無難。20～30％では不安というのが一応の基準。これが低下し続けている会社は危険です。

×赤字継続　会社は事業で利益を上げ、株主に分配することが使命です。利益が出ていなくて赤字状態が続いている、というのはかなり危険な状況です。

それも、リストラ費用の特別損失で最終赤字、為替差損で経常赤字といった原因のはっきりした赤字は救いようがありますが、本業の儲けを示す営業損益段階で赤字というのは深刻です。

配当がない会社も要注意！

×無配継続　利益は出ているけどわずか。過去何年にもわたって無配状態が続いているという会社も要注意。

もともと構造的に低収益な体質ということも考えられますし、経営者の意識から「株主に報いなければいけない」という気持ちが失せている可能性もあります。

✖債務超過　何期か最終赤字が続き、それが累積すると株主持分（純資産、自己資本）を食いつぶしてしまうことがあります。そんな状態が債務超過。資産価値がマイナスですから、株式価値はゼロ。

こんな状態が長期化すると倒産へのリスクが限りなく高くなります。1年以上この状態が続けば、取引所から上場廃止を宣告されます。

✖継続企業の前提に疑義　あまり馴染みのない言葉ですが、会社自らが経営破たんリスクについて注意喚起する際の表現です。株式会社は基本的に永続することを前提に事業を営むもの。それをゴーイングコンサーン（事業継続性といった意味の言葉）といいます。その継続性が疑われるような事態が発生した場合、決算書でその事実を公表しなければいけません。売上高の著しい減少、重要な人材の流出、事故によるブランドイメージ失墜など原因はさまざま。『会社四季報』ではこうした企業についても巻頭に一覧表を載せています。

債務超過への転落も疑義発生原因となります。会社がどんな対処方法や改善計画を考えているか、その決算書をじっくり読み、リスクがどの程度あるのか慎重に判断することが必要でしょう。

赤字継続は要注意。無配継続はカイシャじゃない

赤字の段階	要因
営業赤字（営業損失）	本業が不振、販管費が重荷など
経常赤字（経常損失）	為替差損や投・融資、支払利息が重荷など
最終赤字（純損失）	リストラやのれん償却等特別な費用など

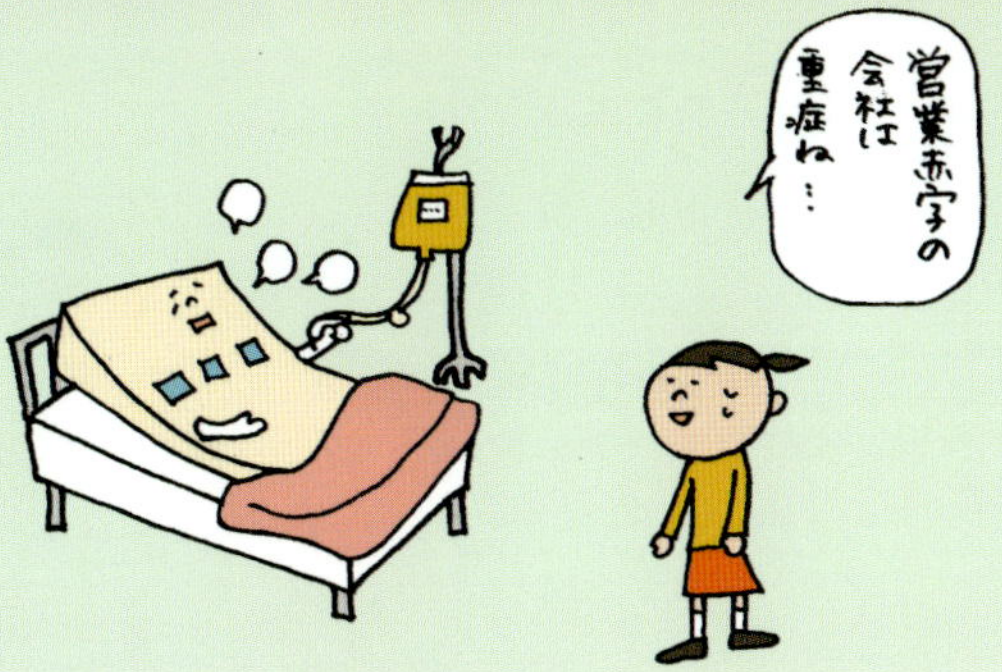

Column

『四季報』で読み取るポジティブキーワードとネガティブキーワード

『会社四季報』の面白い読み方をご紹介しましょう。

四季報には2つの記事が掲載されています。19文字×9行のスペースに「業績」と「材料」に関する記事がぎっしりと書き込まれています。コンパクトなだけに、担当記者にとっては書ききれず、溢れてしまうような情報が少なくありません。文字を選んで表現を工夫して……苦労の結晶。だから、記事の行間を読み込むことが大事です。

それと、見出しに注意。本文で最も大事なポイントが見出しの文字に集約されています。

例えば、利益が連続して伸びることを意味する【続伸】、その増益幅が大きい【大幅続伸】や【急拡大】、過去最高利益を更新するという意味の【最高益更新】、前期は減益だったけど今期は増益になる【反転】、減益続きだったけど、これ以上は減益にならない段階になった、という意味の【底打ち】など、プラスイメー

プラスのキーワードを探して銘柄選びしてみよう

前期との比較の表現	
【最高益更新】【更新】	「過去最高益記録を更新する」ということ
【続伸】	連続して増益ということ
【増益】	前期実績に対して利益が増える場合の通常の表現。「好調」もほぼ同義
【底入れ】【底打ち】	減益を続けて、これ以上は減益とならない段階。今期が「底打ち」なら来期は増益に向かう転換点を指す

前号との比較の表現	
【増額】【上方修正】【上振れ】	前号予想を今号で上方修正する場合

ジの見出し言葉がついた記事を探してみましょう。それをヒントにじっくり分析すればいいのです。けっこう効率的な銘柄発掘法ではないでしょうか。

『会社四季報』の記事で使われている表現。最初はとっつきにくいでしょうが、慣れていくと、なかなか含蓄のあるものが少なくありません。前のページではプラスイメージのあるポジティブ表現を見ましたが、今度はその逆、マイナスイメージが伴うネガティブ表現も見ていきましょう。

こんなキーワードが出てきたら要注意！

前期との比較の表現	
【減益】	前期実績に対して利益が減る場合の通常の表現。「減退」「後退」もほぼ同じ
【反落】	前期増益だったのが、今期は減益になる場合
【大幅減益】【急落】	減益幅が大きく、特筆すべき場合
【続落】	減益が続くこと

前号との比較の表現	
【減額】【下方修正】【下振れ】	前号予想を今号で下方修正する場合

株式投資では明るい材料を見つけて銘柄探しをするのが一般的ですが、損したり、失敗したりしないためには、日頃からマイナス要素にも注意していなければいけません。

業績が好調に推移していた会社の様子がおかしくなると、【下振れ】【減額】【下方修正】といった表現が登場します。これはいずれも業績がこれまでの想定を下回りそうだ、ということを意味しています。

その他、前期は増益だったけど今期は減益となる【反落】、その減少幅が大きい【大幅減益】【急落】。利益水準が低いまま、という意味の【停滞】【低迷】など、読んだだけでも「厳しそう……」という印象のある言葉が現れたら気をつけましょう。もちろん、新規投資を控えるだけでなく、保有している場合は売却を考えた方がいい場合もあります。

5 新規上場って何？

新規上場は大企業になる第一歩

IPOってなんでしょうか。

「イッポ」ではありません。「アイ・ピー・オー」と読むのが普通です。株式の新規公開のこと。英語の「Initial Public Offering」の頭文字をとった言葉です。

ソニーだって、キヤノンだって、設立された当初はそこいらにあるタダの会社（失礼！）でした。その、タダの会社が株式を公開し、取引所に上場することによって大きくなり、今日の世界的な大企業にまでなったのです。

非上場の会社が株式を公開して上場会社になるには、上場基準という一定の条件をパスしなければいけません。それこそ、そこいらのタダの会社では上場できませんが、ここ数年の上場基準の緩和によって、売上高がわずか数億円程度、まだ赤字状態といった会社でも上場できるようになりました。そこで、ちびっ子ながら、将来性有望な会社が続々とIPOするようになってきました。

最近話題の会社では、2011年12月に東証マザーズに上場したリブセンス。インターネットの求人サイト「ジョブセンス」などを展開する会社ですが、設立は創業者である村上太一社長が20歳の時、まだ早稲田

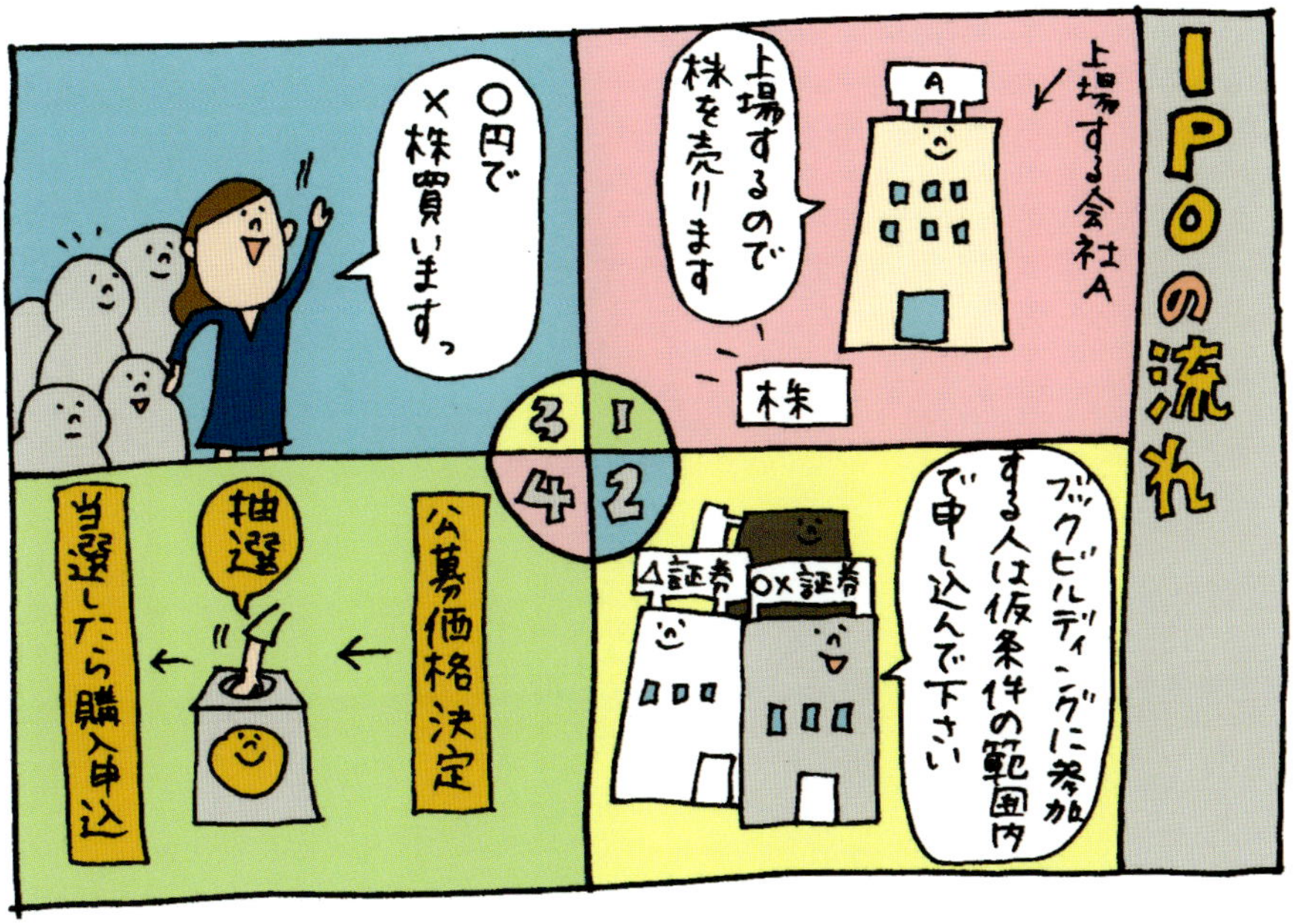
IPOの流れ
上場する会社A
A
上場するので株を売ります
株
ブックビルディングに参加する人は仮条件の範囲内で申し込んで下さい
△証券
○×証券
○円で×株買いますっ
公募価格決定
抽選
当選したら購入申込

大学に在学中のことでした。5年後に株式を上場したのですから、かなりのスピード上場。村上さんは26歳。最年少の上場企業社長となりました。「最初から上場を考えていた」そうです。

人気の新規公開株は抽選に

若くて伸びそうな会社の上場は市場でもウエルカム。ただ、すでに上場している会社ならいつでも買えますが、新規に上場する会社の株式はそうはいきません。上場前に行われるブックビルディング（需要調査）に参加すると、（多くの場合抽選で）事前の売り出し株を手に入れることができます。上場後に人気になりそうな会社の株式は、時にはプラチナチケットのような人気になることもあります。

興味があったら、証券会社のHPでブックビルディングの予告に注意しておきましょう。最初はどんな会社も魅力的に見えるもの。「初物人気」に惑わされず、上場後の株価推移を確認し、内容をじっくり分析してから投資するという姿勢も大切です。

Column 投資家の心得を説く相場格言にも強くなろう

投資家としてぜひとも知っておきたいのが相場格言。その昔から、相場と格闘してきた先輩投資家たちが語り継いできたものです。大げさに言えば、血と汗と涙の結晶。「これだけはやってはいけない」「こうすれば損しない」など、投資戦略・戦術に関する知識だけでなく、資産管理のために心得ておくべきことなど含蓄のある言葉が少なくありません。

休むも相場…上げか、下げか、迷うことが多いのが相場。そんな時には、少し冷静になって次の展開を考えればいいでしょう。「売買を急げば急くほど損をする」ともいいます。

見切り千両…買った株が下がっても思い切って投げられないのが投資家心理の常。そのうち戻るだろうと待っていると、ズルズルと下がっていくことが多いです。どこかで見切る（決断する）ことが大事、と教えています。

人の行く裏に道あり花の山…花見に行っても多くの人と一緒では騒々しいばかり。裏道にこそ素晴らしい花が咲いています。株式投資も人気の裏を行き、安値で買っておけば儲けが大きいのです。

遠くのものは避けよ…初心者のうちは、自分が知識のある業界の会社や身近で生活と関連する会社の株から投資を始めるのがいいでしょう。業界の動向がわかるし、情報も得やすいからです。米国を代表する投資家であるウォーレン・バフェット氏はマイクロソフトのビル・ゲイツ氏と個人的に親しかったのですが、「ハイテクの知識がないから」とマイクロソフトの株には投資しなかったといいます。

4時間目

儲かる株はこうして探す その②

かぶちゃん「この じかんは さらに じっせんてきな テクニックや ほうほう を しょうかい して いるよ」
MAP
▷よむ きょうは ねる
ふくしゅうしてからにする

1 1株当たり利益でバーゲン株を見つけよう

株もピザも取り分が大事

仲良し4人が集まって、おうち女子会。宅配ピザを取ることになりました。

「4人だからラージサイズ1枚でいいね。クリスピー生地に生ハム、オニオン、アンチョビ……。ポテトとサラダにシュリンプフライがあればOK」と待っていると、突然、別な友達もやってきて総勢8人に。ワイワイ、ガヤガヤ楽しかったけど、ピザは1人当たりの割り当てが半分になってしまった……。

日常的によくある光景です。いくら大きいサイズでも、ピザ1枚を4人でシェアするのと8人でするのとでは大違い。ちょっとしたハプニングで楽しみが半減してしまいました。

株も英語でシェア（＝share）といいます。いくら

大きな金額の利益を稼いでいる会社でも、その利益をシェアする株主の数がものすごく多ければ、1人当たりの分け前は少ししかないことに注意しましょう。

厳密にいうと、株主一人一人ではなく、1株ごとに株主権はついているものです。その会社が発行している株式の数が多ければ1株当たりの持ち分が少なくなり、株式数が少なければ1株当たりの持ち分は多くなります。女子会のピザがそうだったように、分母（割る数）が多くなれば、取り分は減るのです。

つまり、その会社の利益の総額がどのくらい多いのかということ以上に、株主にとっては、1株当たりの利益がどのくらいなのか、ということが重要なのです。東京ディズニーランドを運営するオリエンタルランドの1株当たり利益は4年間で倍以上。株価も上昇しました。

1株当たり利益が増えている会社を選ぼう

これまで「儲かる株は利益が増える会社の株」がいいといってきましたが、ここからは厳密に「儲かる株は1株当たり利益が増える会社の株」と言い方を変えることにします。

漠然としてた利益ではなく、「1株当たり利益」という発想で考えることはとても大事なことです。例えば、

1株当たり利益が大事

オリエンタルランド(4661)の1株当たり税引き後利益

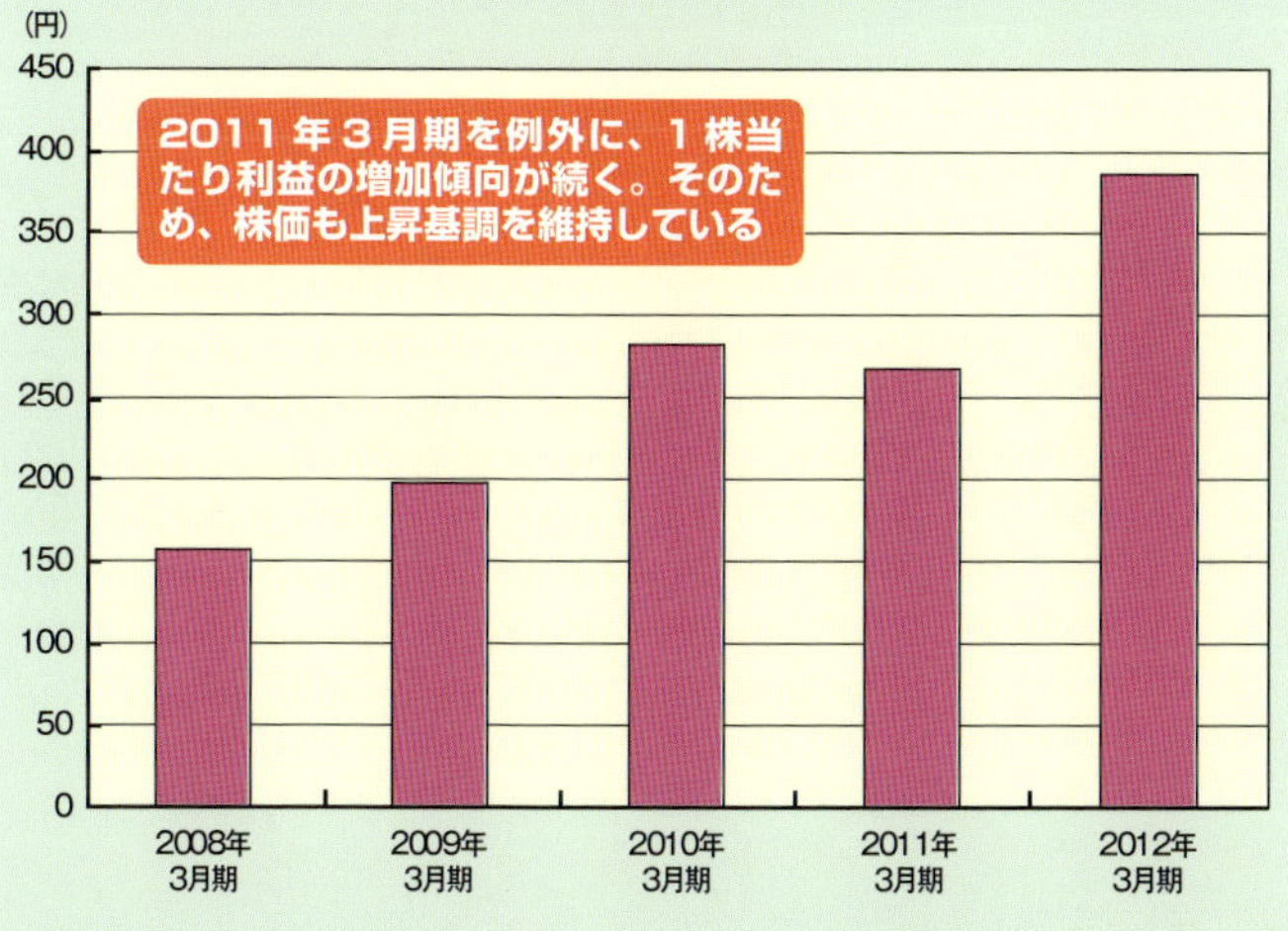

オリエンタルランドの株価チャート

三菱重工業とグリーのEPSを比べてみよう

1株当たり利益(EPS)
＝当期純利益(利益、最終利益)÷発行済み株式数

	当期純利益		発行済み株式数		1株当たり利益
三菱重工業	500億円	÷	約33億株	＝	約15円
グリー	500億円	÷	約2億3200万株	＝	約215円

株主にとって大切な配当金は利益の一部を分配するものでした。配当金も1株当たりでいくら、という分配をします。だから、利益が1株当たりいくらあって、そのうち何％を株主に分配すると1株当たりいくらになる、という計算ができます。この「1株当たり……」という考え方、これからも頻繁に出てきますから、慣れておきましょう。

ここでの結論。儲かる株かどうかをチェックするには、1株当たり利益が継続的に増えているか、今後も増えるかどうかを見ていくことが必要になります。

発行済み株式数と株価の関係

さて、1株当たり利益は「当期純利益（利益、最終利益）÷発行済み株式数」で計算します。EPS（Earnings Per Share）と英語の頭文字を使った言い方もあります。

会社が資金調達のために増資したり、株主還元として株式分割を実施したりすると、発行済み株式数は増加します。

逆に、経営が厳しくなって減資したり、市場で自己株を買い付けて消却したりすると、株式数は減少します。ですから、当期純利益に変動がなくても1株当たり利益が増減することがあるので注意しないといけません。一般的に、歴史の古い会社ほど発行済み株式数は多いものです。

「ド、ド、ドリランド」のテレビCMで有名なグリーは2004年設立の若い会社ですが、ソーシャルゲームの爆発的なヒットで2012年6月期の純利益は500億円予想と『会社四季報』2012年夏号には出ています。実は、この年間500億円という純利益、造船や航空機のチャンピオン・三菱重工業の2013年3月期の予想数字と一緒です。

でも、三菱重工業は発行済み株式数が33億株もありますから、予想1株当たり利益は約15円。一方、2億3200万株しかないグリーは約215円。1株当たり利益は大違い。株価水準にも決定的な違いが出ています。

このグリーと三菱重工業の例は極端ですが、一般的に発行済み株式数が少ない会社ほど1株当たり利益が高くなります。最近新規上場してくる会社には、インターネット関連など新しい産業に属する銘柄が多く、急成長への期待を集めやすいこともありますが、発行株式数が少なく、それによって1株当たり利益が高くなり、株価が高くなりやすいという傾向も見てとれます。

流動性の高い株、低い株

ところで、市場で流通する株式が多く、売買が活発に行われていることを「株式の流動性が高い」、その逆を「流動性が低い」といいます。

発行株式が少ないということは市場に流通する株式が希薄です。そのため、株価が極端に変動しやすくなります。流動性の低い株式は動きが一方通行になりやすいことを頭に入れておかなければいけないでしょう。

逆に、三菱重工業のように発行済み株式数が多く、流動性の高い会社の株式は株価変動がなだらかで、動きも安定しています。

発行済み株式数に株価をかけたものを時価総額といいますが、東京証券取引所では東証1部上場銘柄のうち時価総額の順位が上から100位までを「大型株」と呼んでいます。この三菱重工業は「大型株」、グリーはその下の「中型株」に分類されています。流動性の違いによって株価の動きにも特徴が出るものです。

1株当たり利益がこれからも増えるような会社の中から、儲かる会社が発見できそう、ということはわかりました。これからも儲けを増やして、株主の持分に応じて分け前をたくさん与えてくれる会社、それがいい会社、なのです。

予想PERで割安かどうかを見る

でも、そんな、いい会社、だれも放ってはおきません。もう、みんなが「いい会社」であることに気づいていて、先回りして買っているかもしれません。先回りされて買われていると、ずいぶんと株価が高くなっているかもしれません。

39ページから見ているように、「安く買って高く売る」のが株式投資で儲ける秘訣でした。高くなったのを買うのは愚の骨頂。他人に儲けさせるだけです。

そこで、1株当たり利益がこれからも伸びそうだ、ということがわかった会社について、もう1つ調べることがあります。

それが、PERによるチェックです。これを「パー」

ユニ・チャームのPERを計算してみよう

株価収益率（PER）＝株価÷1株当たり利益（EPS）

ユニ・チャームの2012年5月28日の株価…4230円
2013年3月期の予想1株当たり利益…173.7円

4230円 ÷ 173.7円 ＝ 24.4（倍）

と読む人もいますが、それではちょっと……まずいでしょう。

「ピー・イー・アール」と、アルファベットでそのまま読んでください。英語のPrice Earnings Ratioの頭文字です。日本語では「株価収益率」と訳されています。

計算式は、PER（倍）＝株価÷1株当たり利益。

とても簡単な計算でしょう。株価は現在の株価、それを通常は今期、あるいは来期の予想1株当たり利益で割り、株価が1株当たり利益の何倍なのかを見ます。

なぜ、「予想」の1株当たり利益なのでしょうか。それは先行きの株価を予想するための参考指標だからです。そのため、過去の実績1株当たり利益で計算したものと区別するため、予想1株当たり利益で計算したものを「予想PER」という言い方をすることもあります。とにかく、予想が大事です。

実際に見てみましょう。

紙オムツ、生理用品のトップ企業であるユニ・チャーム。中国やインドネシアなどアジア各国の人口爆発が続いているうえ、生活水準も上昇しているため、需要が急拡大しています。2012年3月期にかけての3年間で1株当たり利益が62%伸び、2013年3月期も2桁の成長率が予想されるという絶好調企業です。

ユニ・チャームの2012年5月28日の株価は4230円でした。2013年3月期の予想1株当たり利益は『会社四季報』2012年夏号によると173.7円です。

4230円÷173.7円＝24.4（倍）

ユニ・チャームの株価は予想PER24.4倍まで買われている、ということになります。

この24.4倍という数字は、ユニ・チャームの株価がすでに利益の成長分を買われてしまって割高なのか、そうでないのかを考える参考指標として使います。

例えば、①ユニ・チャーム自身の過去のPER水準から見て現在は割安圏にあるのか、割高圏なのか、②業界平均のPERと比較して割高か、割安か、③ライバル企業のPERと比較して割高か、割安かなどと、比較する際のモノサシになります。

似ている銘柄で比較しよう

このPERは「日本株は平均PERが○○倍と割安な水準にある」などと、市場全体の割高・割安を見る指標としても使われますが、それをそのまま個別の会社のPERと比較してもあまり意味はありません。

上場銘柄の平均PERはそれこそ千差万別。PER何百倍という会社から数倍の会社まで広がりがあります。おかれた業界

や事業規模によってもPERが違いますから、事業内容や会社の規模、業界における位置など、「似ているもの同士」で比較するのが一番いいでしょう。

一般的に、高い成長が見込まれている会社ほどPERが高くなりがち。「これからも儲けてくれるだろう」という投資家の期待が反映されるためです。これも、単に利益水準が低すぎて（割り算の結果）PERが高くなっているだけ、という会社もありますから注意が必要です。

また、ライバル2社のうち、一方は常にPERが低いといった傾向がある時には、何らかの事情（ブランド価値が低い、販売力が弱いなど）がある場合が多いものです

高成長が期待できる会社の株価が「○○ショック」などでPERが過去の水準から見ても低い水準まで下がってしまった時は買いのチャンス。逆に、過去の平均的なPER水準から見ても割高な時は株価が天井圏と見て、いったん売却を考えてもいいかもしれません。

使い方はあれこれ工夫できるのが、PERという株価指標の便利なところです。

Column

計算不要！『四季報』で予想PERをチェック

PERの計算式は簡単ですが、いくつかの会社を比較検討したりする時に、あれこれ計算するのはやっかいです。そんな時に便利なのが、『会社四季報』の株価指標欄にある予想PERでしょう。ここには、この先2期分の予想PERが載っています。

ユニ・チャームの例で見ると、2013年3月期の予想PERが24・4倍、2014年3月期の予想PERが22・9倍と出ています。来期の予想PERが下がるのは1株当たり利益が増えるからです。

さらに参考にしたいのは、実績PER。過去3期の最高PERの平均が「高値平均」、最低PERの平均が「安値平均」として掲載されています。

最近の株価がこの「高値平均」に近づいていれば「そろそろ売り場かな」と考えることができますし、「安値平均」に近い水準だったら、「ちょっと買っていいかも」と見ていいかもしれません。

ユニ・チャームはどうでしょう。

今期の予想PER24・4倍というのは、「高値平均」の24・8倍に近づいています。果たして……。ちょっと微妙な水準?!といっていいでしょう。

『会社四季報』なら一目でわかる！

ユニ・チャーム

株価指標	
予想 PER	（倍）
〈13.3〉	24.4
〈14.3〉	22.9
実績 PER	
高値平均	24.8
安値平均	16.9

この数字に近づいたら買い時（安値平均）

この数字に近づいたら売り時（高値平均）

2 純資産価値を割り込んだ割安株をねらおう

解散価値から割安株を探す

その会社が現在保有している資産の価値から株価の割高・割安を考えていこうとするのがPBR（ピー・ビー・アール）という株価指標です。

Price Book-value Ratio の頭文字で、日本語では「株価純資産倍率」と訳されています。

まず、ここでは「純資産（自己資本、株主持分）」という言葉について、もう一度振り返ってみましょう。

会社にとっては、借入金と違って返済不要の資金であり、株主が出資したおカネに過去の利益の蓄積を加えたものですから、最終的には株主に帰属するのが純資産でした。

ところで、ある株式会社が「今日でもう事業やめて解散しよう」ということになりました。現在保有している財産を売って借金を返して……という諸々の手順を踏んで、精算します。そこで最後に残るおカネがこの純資産という意味でもあります（あくまでも帳簿価格で処分できた場合のこと。実際には買い叩かれたり、意外な含み益があったりします）。そのため、「解散価値」ともいわれます。

この純資産を発行済み株式数で割ると、1株当たり純資産（BPS＝Book-value Per Share）という財務指標が計算できます。96ページの1株当たり利益で見たのと同じこと。この1株当たり純資産というのは、株主にとっては会社財産に対する自分の持ち分を表したものになります。

会社の財産価値を表すPBR

そこで、株価と1株当たり純資産の比率を見ることによって、その会社の財産価値を正当に映した株価になっているかどうかがわかります。それがPBRという指標です。

計算式は、

PBR（倍）＝株価÷1株当たり純資産。

PERのE（利益）がB（純資産）に置き換わったものと考えれば、わかりやすいでしょう。ただ、1株当たり純資産は直前期の実績数字を使います。

これをトヨタ自動車で見てみましょう。

トヨタの2012年3月期末の純資産は10兆650

トヨタ自動車のPBRを計算してみよう

PBR(倍)＝株価÷1株当たり純資産(BPS)

まずBPSを計算

2012年３月期末の純資産…10兆6500億円
発行済み株式数…31億9600万株

10兆6500億円 ÷ 31億9600万株 ＝ 3332円(BPS)

2012年5月28日の株価は3070円なので、
PBRを計算すると、

3070円 ÷ 3332円 ＝ 0.92倍(PBR) ← 1倍割れ

1倍割れということは
株価は解散価値
以下ね

0億円、発行済み株式数は31億9600万株です。

106500(億円)÷31・96(億株)＝3332(円)

3332円がトヨタ自動車の1株当たり純資産となります。

2012年5月28日の株価は3070円ですから、PBRを計算すると、

3070(円)÷3332(円)＝0・92(倍)

と、1倍割れ。株価は解散価値以下なのです。

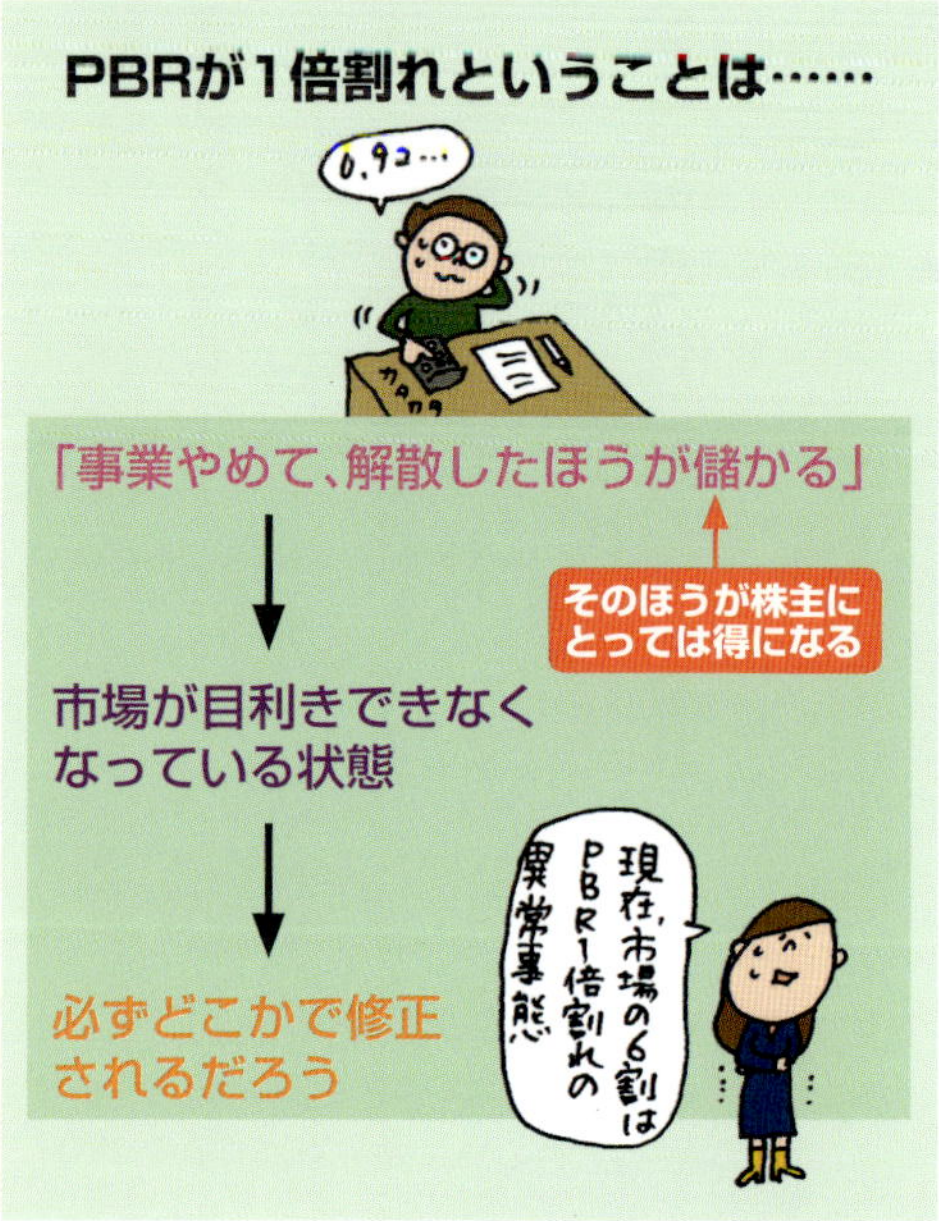

PBRが1倍割れということは……
0.92…
「事業やめて、解散したほうが儲かる」
そのほうが株主にとっては得になる
市場が目利きできなくなっている状態
必ずどこかで修正されるだろう
現在、市場の6割はPBR1倍割れの異常事態

実は、トヨタに限らず、2012年6月現在、東証1部市場に上場している銘柄の6割ほどがPBR1倍未満です。その背景には、世界的に株式のリスクを嫌うような風潮があり、いわば「株式離れ」現象が起こっていることがあるようです。特に、「日本株は世界的に見ても割安」といわれます。

もともと事業を継続中の会社にはブランド力のような、数字に表されない価値があります。トヨタにしたって、世界に冠たる存在感は何兆円という価値があるかもしれません。ですから、帳簿価格で評価された「純資産」価値以上のものを備えているのが普通です。そのため、株価もPBR1倍以上の評価になるはずです。

PBRは株価の下限の目安になる

仮に、会社が赤字状態を続けていると、純資産が食い潰されてしまいますから、「このままだと、1株当たり純資産がどんどん減ってしまう」という警戒感が投資家の間に広がります。それが株価に反映されることで、PBRが1倍を割り込むということが起こっても不思議ではありません。

そうした赤字続きの経営状態を嫌気してのＰＢＲ１倍割れということならば警戒しなければいけませんが、経営状態のしっかりした会社のＰＢＲ１倍割れというのは、市場の目利き機能が狂ってしまったようなもの。どこかで修正されると考えるべきでしょう。

なぜなら、株価がＰＢＲ１倍未満＝帳簿価格より市場価格が低いということですから、理論的には、株式市場で株式を時価で買い占め、会社を解散して換金すればお釣りがくるので、事業を継続するより儲かるということを意味しています。そんな状態は上場企業にとっては危険です。そのため、「ＰＢＲは企業買収の目安になる」という見方もあるようです。

その意味で、ＰＢＲというのはどちらかというと、株価の下限を見るための指標という性格が強いようです。

解散価値の基準である１倍から上方に大きく離れたようなＰＢＲ水準は確かに割高ですが、成長力のある会社の中には４倍、５倍と、割高なＰＢＲまで買われても、なお高値を追うような銘柄も少なくありません。利益の伸びを秤にしたＰＥＲと組み合わせて割高、割安を判断するのがいいでしょう。

PBR 1倍割れの企業はこんなにある！

社名	証券コード	PBR
富士フイルムホールディングス	4901	0.48
三菱 UFJ フィナンシャル・グループ	8306	0.54
新日本製鐵	5401	0.56
NTT	9432	0.60
積水ハウス	1928	0.66
旭硝子	5201	0.67
日本テレビ放送網	9404	0.70
ヤマダ電機	9831	0.74
三井物産	8031	0.79
第一生命保険	8750	0.81
トヨタ自動車	7203	0.98
ホンダ	7267	0.98

（単位：倍、2012年8月1日現在の株価で計算）

Column

計算不要！『四季報』でPBRをチェック

PBRの計算式は、株価÷1株当たり純資産。とても簡単ですから、やり方ぐらいは慣れておきましょう。

実は、これも『会社四季報』を見れば、簡単にチェックできるので、面倒くさがりタイプの人にはこちらをおススメしておきましょう。

誌面上方、株価チャート右横の株価指標欄。前回見た実績PERの下にPBRが出ています。1株当たり純資産はもっと下、業績欄の右隅に掲載されています。

トヨタ自動車の例では、直近の2012年3月決算（◎の印は米国SEC方式で連結決算を集計しているという意味です）の期末現在での1株当たり純資産は3332円（カッコ内は前期末の実績）です。これを5月28日の株価3070円で計算すると、PBRは0.92倍であることがわかります。

過去3年半分の株価チャートを眺めれば、現在の株価の位置がどういった水準なのかおおよそ見当がつきます。その株価位置とPBR水準を見比べ、果たして投資価値として割安なのかそうでないのか、じっくり検討しましょう。

『会社四季報』なら一目でわかる！

トヨタ自動車

株価指標	
予想PER	（倍）
〈13.3〉	12.8
〈14.3〉	11.9
実績PER	
高値平均	44.7
安値平均	31.5
PBR	0.92
株価（5/28）	
	3070円

1倍割れかをチェック

株価と比較してみよう

1株純資産（円）〈◎ 12.3〉
3,332 （3,295）

3 経営効率からバーゲン株を見つけよう

効率的に経営しているのかを見るROE

「ちゃんとやってるかなぁ。私の会社の経営」。

株主だってボランティアではありません。経営者が、出資したおカネを有効に使って、しっかりした経営をしているのかどうか、いつもチェックしています。事業のやり方が下手だったり、失敗したりしたら、株主総会で社長を辞めさせせられてしまうことだってあります。それだけ厳しいのです。投資の世界は……。

オーナーの目線に立って、資本をいかに効率的に活用し、どれだけ多くの利益を生み出しているかを見る指標がROEです。

ROEは オーナー目線で 利益をチェックする指標
ちゃんとやってる?
はいっ

「ロエ」と読まないでください。英語のReturn On Equityの頭文字をとったもので「アール・オー・イー」とそのまま読みます。日本語では「株主持分利益率」と訳されています。

「純利益」を「株主持分（自己資本）」で割って算出。

ROE（%）=純利益÷株主持分×100

が計算式です。株主の出資金と利益の蓄積を中心とした「株主持分」を使い、その会社が純利益をいくら稼いだか、それを比率にして見ています。PERやPB

Rのように、株価の割高・割安を直接に判断するものではありませんが、株主にとっては資本の効率性を見るうえで最も重要な指標といっていいでしょう。これが高いほど、株主から預かった資金を有効に使って儲けている優れた経営者といえるのです。

日本の上場企業のROE平均値は7・5%。最近では、企業経営者の間でもROEを高めることが共通の課題として認識され、それが「株主重視経営」のシンボルにもなってきました。中期経営計画などで「ROEを○×%まで高める」といった目標を設定する経営者が多くなっています。

会社のHPにアクセスし、公表された経営計画をチェックしたり、社長メッセージを読んでみたりするといいでしょう。それなりに経営者の株主に対する姿勢が垣間見えることでしょう。

ROEをチェックする場合、注意したいのは分母である株主持分が小さいと、ROEが高く出やすいということ。資本蓄積の浅い小型株などは極端に高いROEになることがあります。

いわゆる大企業の中でROEが飛び抜けて高いのがソフトバンクでしょう。2012年3月期のROE33・5%というのは全上場企業のうちベスト30位内の高さを誇ります（ただ、一方では株主持分比率が20%以下と財務的には不安定）。中堅規模ではドクターシーラボ41・8%、サンリオ38・9%、ウェザーニューズ27・0%、日本オラクル25・8%などが光ります。

多くの会社がIRなどで
対外的に経営の目標などを
公表しているよ

ROAや総資本回転率も重視しよう

ROEに似た指標にROA（アール・オー・エー）というのがあります。E（株主持分）ではなく、A（総資産＝Asset）を分母に計算したもので「総資産利益率」

といいます。

計算式は、

ROA（%）＝純利益÷総資産×100

となります。

総資産は株主持分（自己資本）に他人資本（負債）が加わります。会社の経営者にしてみれば、自己資本であれ、他人資本であれ、調達した資本をうまく使って利益を稼ぎ出せばいいのですから、このROAは経営者の立場から見て重視すべき経営指標といっていいでしょう。

もちろん、一定の投下資本に対して高い収益を上げるというのはROE、ROAに関わりなく経営課題として一緒ですから、評判のいい経営者はともに高い実績を残しています。

そのほか、売上高で資本効率を見る指標が総資本回転率。ROAは純利益を総資産で割りましたが、これは売上高を総資産で割って算出します。

売上高によって1年間に総資産が何回転したかを見ます。回転率が高ければ高いほど、小さな資本で多くの売上高を上げている効率のいい経営が行われていることを意味します。ただ、業種によって開きがあり、製造業に比べると薄利多売型の小売業は回転率が高くなりやすい傾向にあります。

資本が効率的に使われているかを見る指標

株主持分利益率	ROE(%)＝	純利益÷株主持分×100
総資産利益率	ROA(%)＝	純利益÷総資産×100
総資本回転率	＝	売上高÷総資産

『会社四季報』なら一目でわかる！

ソフトバンク

【指標等】〈連12.3〉	
ROE	33.5%
ROA	6.4%

効率的な経営をしているかは
ここでチェック!!

4 株価を動かす株式情報もチェックしよう

自己株買いの発表で株価が上がる理由

2012年6月初めのこと。ギリシャ危機の広がりで日経平均が年初来最安値をつけた日、キヤノンが500億円、1700万株を上限とする自己株買いを翌日から実施すると発表。それを好感して株価は短期間で10％以上の急騰となったことがあります。

このキヤノンの例に限らず、このところの株価下落を見て、自己株買いを実施する会社が増え、その発表を好感して株価が上昇するケースが目につきます。

自己株買いというのは、発行会社が過去に発行済みの株式を市場から買い戻すこと。それがなぜ、市場で好感されるのでしょうか。

理由はいくつか考えられます。①流通株式が減少し、1株当たり利益が上昇。PER、PBRが低下する。

自己株買いの効果

（1）流通株式が減少し、1株当たり利益が上昇。PER、PBRが低下する

（2）ROE（株主持分利益率）が上昇する

（3）経営者が「現在の株価は割安」というメッセージを市場に送れる

（4）株式の需給関係が一時的に改善することがある

注意点：「金庫株」として保有されていたものが、再び市場に放出されると、株価のマイナス要因になることもあるので気をつけよう。

②ROEが上昇する。③経営者が「現在の株価は割安」というメッセージを市場に送れる。④株式の需給関係が一時的に改善することがある――といったことが主なプラス要素でしょう。

ただ、市場から買い取った株式は多くの場合「金庫株」として保有され、ファナックのように自己株式が最大株主といった会社も現れます。中には再び市場に放出する会社もありますから、気をつけなければいけません。金庫株として保有するのでなく、消却で発行済み株式数を減らしてしまうのが理想的といわれます。

増資は嫌われる？

業績や財務に関連する材料だけでなく、株式の需給関係変動は株価に大きな影響を与えます。

自己株買いとは逆に、市場で需給関係を悪化させる要因として嫌われているのが増資です。2012年7月に全日本空輸は公募増資によって1700億円を超す大型資金調達を行いましたが、その増資に関する観測報道が一部メディアから伝えられた日に、株価は1日で14％も値下がりしてしまいました。なぜ敬遠されるのでしょうか。

増資によって資金調達し、新規事業の開拓や既存事業の強化などに投資するのならば、今後の収益拡大のためのものであり、本来、市場は歓迎するはずです。市場環境次第ですが、増資の目的が積極的に評価されるようなら、株価にプラスに働くこともあるでしょう。

しかし、増資によって新株が追加発行されると、既存の株主の持分は価値が薄まってしまいます。それが少ない比率ならいいのですが、全日空の場合、発行済み株式数が4割も増えてしまいました。これでは、既存の株主は怒ります。全日空は調達した資金の使途を「新型機B787などを購入し、競争力を強めるため」としていますが、航空業界の競争が激しい中、それがどの程度の収益拡大につながるのか、投資家も判断しにくかったのかもしれません。

株主価値が極端に低下するような大型増資は今後も嫌気されるでしょう。その他、割り当て先に有利な価格で発行するような第三者割当増資も既存株主の持分価値を低下させるものとして売りの材料になります。

株式分割で買いやすくなる企業も

増資に似て、新株が発行されるけど、資金調達が行われるわけではないのが株式分割。仕組みを簡単に説明すると、例えば1株保有の株主に1株を追加して割り当て発行すると、その株主は2株の株主になります。発行株式は2倍に増えても株主数はこれまでと一緒だから、株主権の比率に変化はありません。1株株主持分など1株当たり価値が半分になるだけです。

何がいいのかというと、実質的に配当金が増える可能性があること。もし、1株当たり配当金がこれまでどおりなら実質的には2倍になるわけです。

一方で株価が半分になるため、超高株価で買いにくかった銘柄にも投資チャンスが生まれます。これまで減っていた株主が増えればいいな、との目的から、新興企業の間では、株主分割を積極的に行う会社が多いようです。明らかに株主還元、株主づくりという目的の株式分割は人気を高める要因になりますが、へんてこりんな資本政策の一環として株式分割を実施する会社には注意しましょう。あのライブドアは株式分割でマーケットを混乱させた経緯がありました。

TOBやMBOも知っておこう

日本経済が大きな曲がり角に差しかかっていることもあり、ダイナミックな企業再編のうねりが株式市場を中心に起こっています。

企業の経営統合の手段として使われる代表的な手法がTOB（株式公開買い付け）。買収対象会社の株式を市場で一定のルールに従って買い付けることをいいます。

TOBというと、ライブドアによるフジテレビ買収劇を思い起こす人が少なくないでしょうが、最近のTOBは相手方企業の経営者がそのTOBに賛同を表明したのちに行われるのが一般的です。買い付け価格も時価に対して3割程度のプレミアムを付けるケースが多いため、大方は成功します。

さらに新しい手法がMBO。経営者がTOBの主体となって株式を買収し、非上場企業となって再建・建て直しを図るという方法です。最近では、インテリア・雑貨のバルスや芸能事務所のホリプロ、食品の鐘崎などがこのMBOで非上場の道を選んでいます。

Column

『四季報』で株式関連情報をチェック

増資や株式分割など株式に関する情報は『会社四季報』の左上、「資本異動」の欄をチェックしましょう。増資も一般的な公募増資のほか、第三者割当増資、優先株式の発行などの形式があります。それぞれ、「公」「三者」「優」という記号で表示されています。

公募増資は不特定多数の投資家に対し一般公募するものですから、一定の条件を満たした会社でないとなかなかできません。それよりも条件が緩く、その分、既存株主に不利になりやすいのが「三者」や「優」です。いずれにしても調達した資金の使途が何なのかをチェックするようにしましょう。単なる資金繰りのための増資ではそのうちに行き詰まります。

株式分割も資金調達のない新株発行ですから、これも資本異動欄でチェックできます。これは「分」という記号で表記されています。過去の分割の経緯を振り返り、配当金がどう変化しているかを併せてチェックしましょう。会社側の株主還元姿勢が見えてきます。

優
公
四季報
「公」「三者」「優」の記号を要チェック!
三者

『会社四季報』なら一目でわかる!

キユーピー

年月	【資本異動】	万株
88.9	公800万株（1303円）	10,409
91.1	無1：0.1	13,275
93.1	分1→1.1	14,665
95.1	分1→1.1	16,133
11.7	消却	15,300

記号右横が新株発行数、（　）に1株当たりの募集価格

資本異動欄での増資を表す記号

記号	方法	具体的な内容
公	公募増資	不特定多数の投資家に対し、時価で新株を発行する増資
三者	第三者割当増資	特定の投資家等に対し、新株を発行する増資
優	優先株式の発行	普通株式よりも優先的な権利を持つ種類の株式を発行する増資

5 安すぎる株価にはワケがある

安いからおトクとは限らない

『日本経済新聞』の株価欄を注意して見ていればわかることですが、株価が1円とか2円の会社でも上場しています。

「ものすごく安い！　それこそバーゲン！」と思うのはほんとのビギナーです。これまで、「安い株を買って高く売るのがキホン」といってきましたが、誤解してはいけません。いい株の安くなったところはチャンスですが、そもそも中身に問題のある会社は論外です。

①業績不振が長引いている、②無配状態が続いている、③赤字から抜け出せない、④債務超過状態である。⑤継続企業の前提に疑義がある……など、危ない会社のチェックポイントは「3時間目」でも見てきました。今回はそうした企業の行く末に目を向けてみましょう。

証券取引所は上場会社に不測の事態が発生したとき、その株券を上場廃止にします。その要件は、破産や会社更生法申請などのドラスチックな出来事がつきもの

のような気がしますが、一定期間の債務超過とか、有価証券報告書の虚偽記載といった要件が原因となって上場廃止に至ることもあるのです（西武鉄道やカネボウは「虚偽記載」で上場廃止となりました）。

ボロ株には手を出さないで

上場廃止になると、株主は換金の機会を失います。上場廃止決定という事実の周知を図るため、証券取引所はいったん「整理銘柄」に指定し、1カ月間、そこで売買の機会を提供します。

それ以前に、上場廃止基準に抵触するおそれのある会社は「監理銘柄」に指定して様子を見ます。上場基準に抵触する条件が改善したと認められたら一般銘柄に戻されますが、そうでなかったら「整理銘柄」に移行する、という2段階の措置が用意されています。

ボロ株

『会社四季報』では、整理銘柄や監理銘柄については記事の中で注意を喚起していますし、巻末では「上場廃止（予定）会社一覧」を掲載しています（経営統合などの理由で上場廃止になる会社もあります）。時々はここも見ておきましょう。

監理や整理銘柄の株は買わない方がいいね！

経営内容が極端に悪化し、株価も中低空飛行を続けている会社を「ボロ株」といいます。市場の一部には「ボロ株投資が面白い」とか、「整理銘柄になっても1カ月の猶予期間がある」と語るマニア的な投資家も存在することは事実ですが、それはあくまでもごく一部、ということを覚えておきましょう。

自然消滅する可能性が大きい銘柄を超短期のトレードで売買するなどというのは、株式投資ではありません。君子危うきに近寄らず。そんな姿勢が一番でしょう。それでなくても割安な会社でいっぱいなのが最近の株式市場です。

6 スクリーニングしてみよう

スクリーニングで手軽に「儲かる株」探し

全国5取引所に上場している会社は3562社（2012年6月現在）。いざ「儲かる株」探しを思い立っても、これは気の遠くなるような数字です。だって、たとえば1日1社ずつ、じっくり銘柄分析しようとしたら、全部調べ終わるのに10年間もかかってしまう……。

それに気づいて、「だから、どこかにだれにも知られていないお宝が隠れているはず！」と発奮するか、「それじゃ、有望銘柄なんて見つかりっこない」と諦めてしまうかは、性格の違い。

あなたはどちらですか。

少なくとも、簡単に諦めやすい性格は困りもの。何ごとにも前向きでないと、相場の神様も助けてくれません。

そんな人でも、**手軽に「儲かる株」探しができるのが、スクリーニング（検索）という手法です。**最近では、ネット証券のサービスメニューの中に必ず組み込まれているので、取引口座を開設して、実際に使いこなしていけば、意外と便利なものであることがわかるでしょう。

銘柄ごとに登録してあるさまざまな業績・財務情報の中から、必要となる条件をいくつか設定し、それに合致した銘柄を選び出すという機能です。

検索条件の設定は、PER、PBR、予想配当利回り、ROEなど、これまでやってきたことが頭に入っていれば、それだけで十分です。

スクリーニングだけではダメ

具体的にやってみましょう。東証1部上場・時価総額100億円以上の銘柄を対象に、①PER10倍以下、②PBR1倍未満、③配当利回り2%以上、④ROE10%以上、⑤当期純利益伸び率10%以上（つまり、増益である）という、ちょっと厳しめの条件を設定してみました。

時価総額100億円以上ですから、小粒な会社は除外。ROE10%以上というのは上場会社平均の7%を上回って優良企業並み。今期も2桁の増益見込みで、「解散価値」以下の株価……という選りすぐりの割安株です。

見つかったのは13銘柄。そのうち、ROEが高い順に10銘柄を表にピックアップしました。

もっと違った条件を設定したり、基準を厳しくしたり、お好みでアレコレ工夫できるのがスクリーニング

スクリーニングでお宝銘柄を探そう

並び順は連結ROEの高い順

銘柄（証券コード）	業種	連結PER	連結ROE
①ゲオホールディングス(2681)	小売業	5.3倍	14.33%
②ユアサ商事(8074)	卸売業	6.5倍	13.47%
③三菱商事(8058)	卸売業	5.2倍	13.46%
④帝国繊維(3302)	繊維製品	5.5倍	13.15%
⑤飯田産業(8880)	不動産業	4.4倍	13.13%
⑥蝶理(8014)	卸売業	6.2倍	12.90%
⑦神鋼商事(8075)	卸売業	4.3倍	11.54%
⑧東栄住宅(8875)	不動産業	5.1倍	11.31%
⑨高速(7504)	卸売業	6.8倍	11.20%
⑩メルコホールディングス(6676)	電気機器	6.9倍	11.20%

機能の面白いところ。サービスを提供している証券会社によって内容に違いはありますが、基本的なやり方は一緒。最初は、この機能をうまく活用して、銘柄を絞り込んでいったらいいでしょう。

もちろん、そうやって選び出した会社についても詳しい分析は必要です。あくまでも表面的な数字によるスクリーニングですから、時に気づかない落とし穴があったりします。特に、普段からノーマークの会社が引っかかったりすると、「おや、お宝銘柄が……」と興奮するものですが、そんな時ほど冷静な追加分析が不可欠です。

例えば、「PER4倍以下」と設定したところ、東証1部上場の中堅スーパー・ユニーがヒット。「PER3.7倍」は大手のイオン（10.6倍）などに比べて超の字がつく割安ぶり……と思って、『会社四季報』を見ると、「コンビニ完全子会社化で179億円の負ののれん特益」とありました。確かに、業績欄には今期の当期純利益が急増すると出ています。一過性の、特別な利益なのです。これは割り引いて見ないといけません。最低限、『会社四季報』でチェックしましょう。

スクリーニングする際の主な検索条件

①基本項目	投資金額、所属市場、時価総額、業種、決算期など
②財務関連指標	PER、PBR、利回り、ROE、ROA、EPSなど
③テクニカル指標	株価騰落率、株価位置、移動平均線乖離率、RSIなど
④その他	株主優待の有無など、「四季報オンライン」なら本店所在地なども可能

「四季報オンライン」でらくらくスクリーニング

「儲かる株」探しに便利なスクリーニング。

「何か、面白そう」と興味を持った人には、『会社四季報CD-ROM版』のスクリーニング機能もおススメです。

こちらは、証券会社のサービスなどでは足元にも及ばないほどに豊富な情報量と機能性がウリです。

投資指標ではPERやPBRなどの一般的なものはもちろん、EV／EBITDA（企業価値の利払い・税引き前・償却前利益に対する比率）なんて、プロの機関投資家が使うようなものでも検索できるのです。

業績や財務のデータだけでなく、『会社四季報』の記事や株主、本店所在地などの文字データ、外国人株主比率とか、株主数、設立年月日、初任給などの数字データでも検索をかけることが可能。プロ級の、あるいはマニアックな検索にも対応できるというスグレモノ。データ蓄積が豊富な『会社四季報』ならではといっていいでしょう。

以上は、『会社四季報CD-ROM版』の購入者向けサービスですが、『会社四季報オンライン』（有料）を利用すれば、簡単な登録手続きだけでオンラインでのスクリーニングができます。その検索条件に「業績上方修正率」というのがあるのは、『会社四季報』らしい点。四季報記者が会社発表の数字を上方修正している銘柄について、上方修正率の高い順にランキングしたもの。けっこう実戦的なスクリーニングが可能です。

5時間目

どんなタイミングで売買するの？

チャートの読み方

1 タイミング判断のキホン ここを見ておこう

株を買うにはタイミングが大事

「株を買うより時を買え」――。

兜町では、昔からの相場格言がたくさん語り継がれています。投資家に戒めを説く、含蓄のある言葉が少なくないので、可能な限り、覚えておくといいでしょう。これもそんな格言の1つ。

これから、株を買おう（投資しよう）としている人に向かって、はて面妖な……と思わせるところですが、この言葉、「株を買うにはタイミングが一番大事」と、そんな意味と考えればいいでしょう。

業績や財務内容がどんなにいい会社であっても、すでに値上がりして高くなったところで買ったら、さあ大変。株価というのは、ごく短期間で見ると、上がったり下がったりを繰り返すもの。「値上がり」の後に必ずやってくるのが「値下がり」。その下げの時期に遭遇すると、「上がると思って買ったのに。失敗したかなぁ」なんて沈んだ気分になりかねません。

「そのうち、上がってくるさ」――。確かにそうでしょう。いい会社の株は再び上昇の波がやってきて、買い値を上回ることもあるでしょう。しかし、それならば、最初から安いところで買っておけば、ハラハラ、ドキドキさせられることはなかったのです。

「時を買う」タイプのタイミングを考えた投資法なら、①ハラハラ、ドキドキしない、②時間のロスがない、③儲けが大きい、という「三得」があるのです。それをグラフで、見ておきましょう。

アパレル大手のユナイテッドアローズ。自社企画商品が好調で順調な業績拡大が続き、株価も長期の上昇基調を続けています。が、その途中では紆余曲折も。Aで買い2000円で売った人とBで買って同じく2000円で売った人を比べてみましょう。

①Aは2011年7月から11月までの4カ月間はハラハラの連続、②買ってから売るまでの投資期間はBの方が短い、③Aは1728円→2000円で272円の儲け、Bは1316円→2000円で684円の儲け。明らかに、「三得」のBの方が成功した投資といえるでしょう。

もちろん、これは典型例ですから、誰でもできると

「得」を多く「損」を少なくするタイミングは？

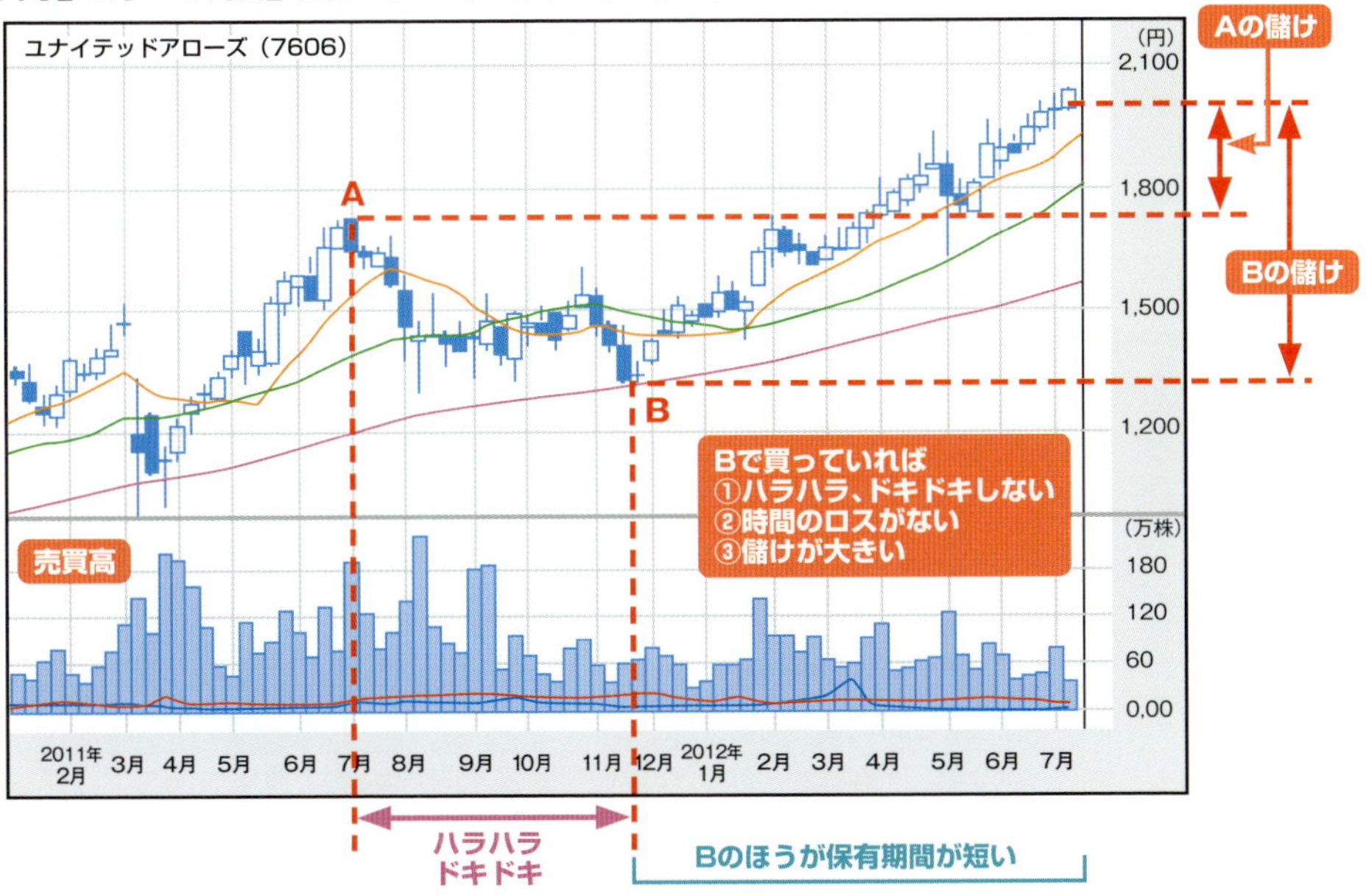

いうものではありませんが、可能な限り「得」を多く、「損」は少なくなるようにしましょう。そのためには「安くなった時に買って、高くなったら売る」という基本原則にできるだけ忠実に行動することが必要です。

株価チャートを見れば売買タイミングがつかめる

売買のタイミングを判断する際、参考にしたいのが株価チャートです。

株価の動きや売買高の増減など株取引によっていろいろなデータが残ります。そうした過去のデータを分析して、この先の株価を予測するのに役立てようというのがテクニカル分析。「4時間目」までやってきた会社の内容（業績や財務）を分析する方法と並ぶ重要な株価予測の方法です。

中でもポピュラーなのが、株価の動きをグラフに書き込んだ株価チャート。その代表が白と黒の線がたくさん書き込まれたローソク足チャートでしょう。ただの折れ線や1本の棒を重ねただけのもっと簡単なチャートもあるのですが、その複雑さが面白いのか、ローソク足が業界標準のように使われていますから、この見方に慣れておくのがいいでしょう。

まず、直感的に確認したいこと。

①現在位置…現在の株価が高い水準なのか、安い水準なのか。前ページのユナイテッドアローズの株価チャートを見直していただければわかりますが、縦軸は株価、横軸は時間です。

②方向性…右側上方に向かって株価が伸びていれば、その株価は上昇基調。右側下方に向かって動いていれば、株価は下落基調ということがわかります。

③高値・安値…前の高値、前の安値がどこにあって、そ

れに比べて現在の水準はどうか。それは買い時、売り時のめどになることが多いものです。

以上が、ローソク足チャートを見た場合、最初にやるべき基本確認です。これを何回もやっていれば、株価の値頃《ねごろ》感のようなものが頭に入り、やたらと高いところで買ったり、安値で売ったりしなくなります。そのうちに、この株はもっと上がるのか、下がるのか、だいたい見当がつくようになるでしょう。

ローソク足は実体とヒゲの長さを見る

さて、ローソク足は、形がローソクに似ていることからこの名前がつきました。1日（日足＝ひあし）、1週間（週足＝しゅうあし）、1カ月間（月足＝つきあし）などひとまとまりの株価の推移を1本の足型にしてみることに特徴があります。その1つ1つのローソクには意味があり、それがいくつかまとまると、また別な意味を持つようになります。

描き方は簡単です。日足なら、その日の始値、終値、高値、安値の4本の値段をプロットし、四角い箱型の線

ローソク足(日足)のつくり方

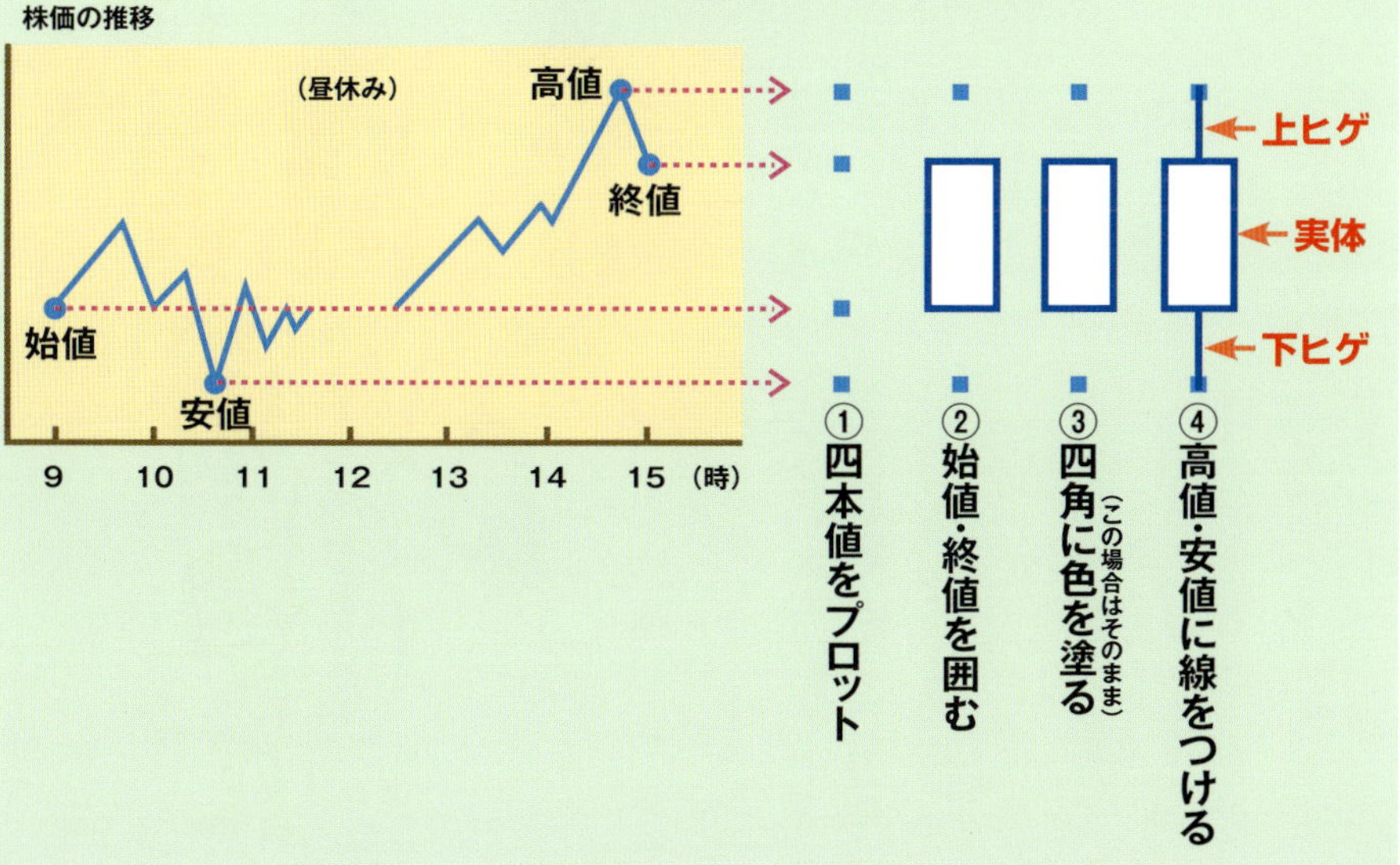

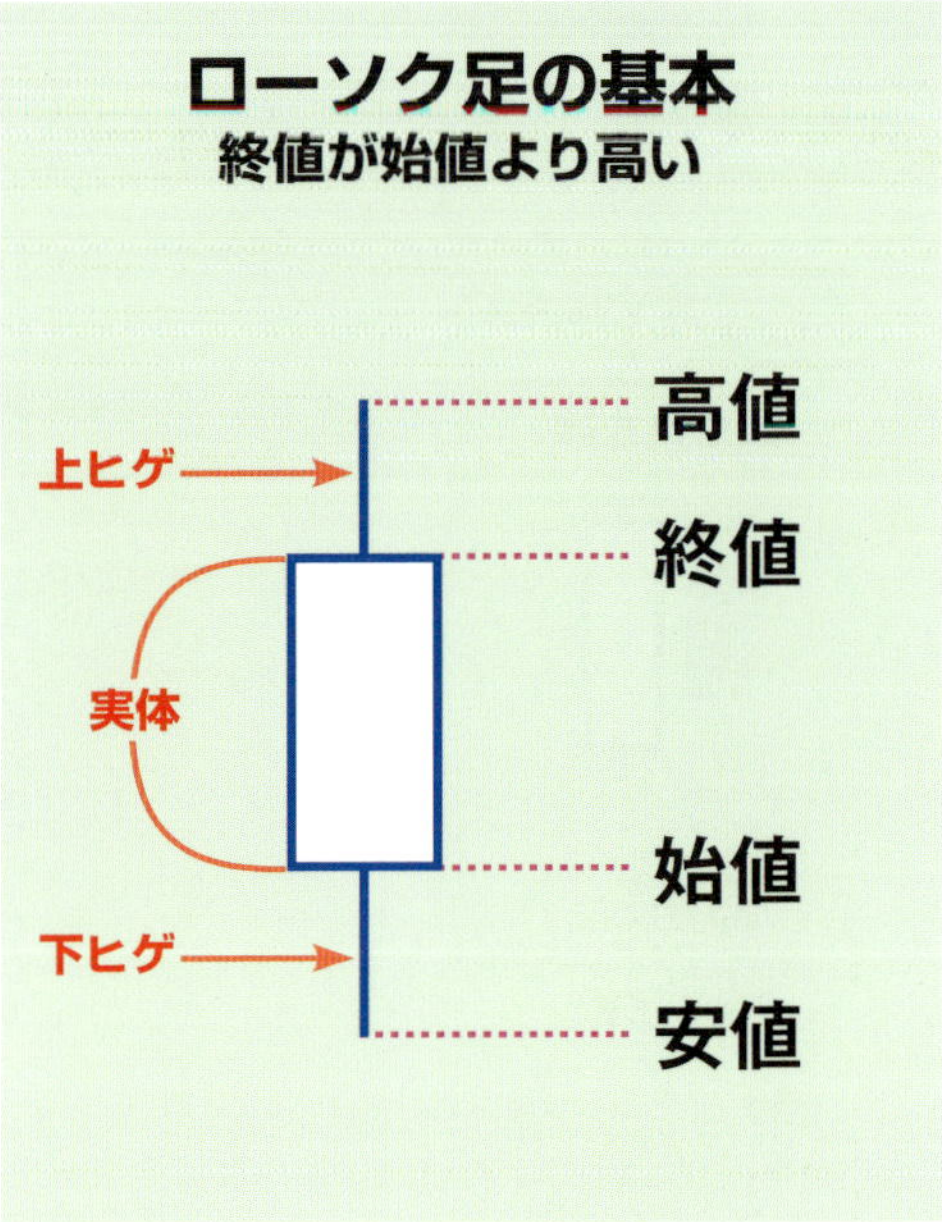

をつくります。その際、始値より終値が高かったら白のまま、その逆だったら中を黒く塗りつぶします。白いのを陽線、黒いのを陰線と呼び、株価が値上がり方向にある（白い線）か、値下がり方向にある（黒い線）か、区別します。

高値、安値が始値や終値よりも上下にあると、ヒゲという細い1本の線で表現します。ヒゲに挟まれた太い部分、始値⇕終値の部分（白か黒の部分）を実体といいます。陽線も陰線も実体の長さが長いほどその方向への勢いが強いと見なされます。実体の長い陰線は下げ方向の勢いが強く、実体の長い陽線は上昇の勢いが強いことになります。

ヒゲの部分は実体の上昇・下落の勢いに対する反対勢力の存在を意味します。その反対勢力の強さはヒゲの部分の長さに現れると見られています。

以上が、ローソク足1つ1つの読み方。図のように、それぞれに特有の意味があってニックネームで呼ばれたりします。

ニックネームのある足型

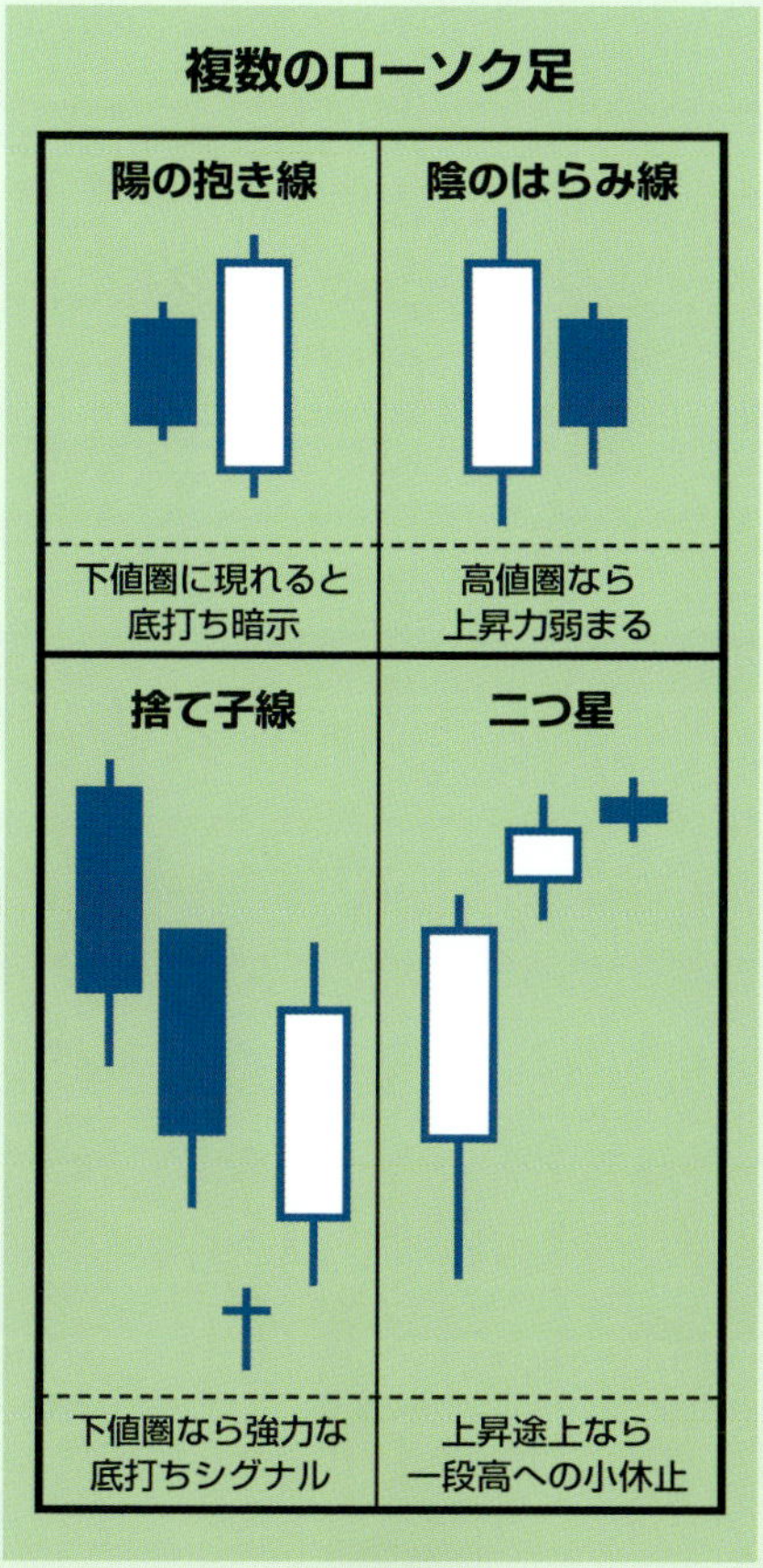

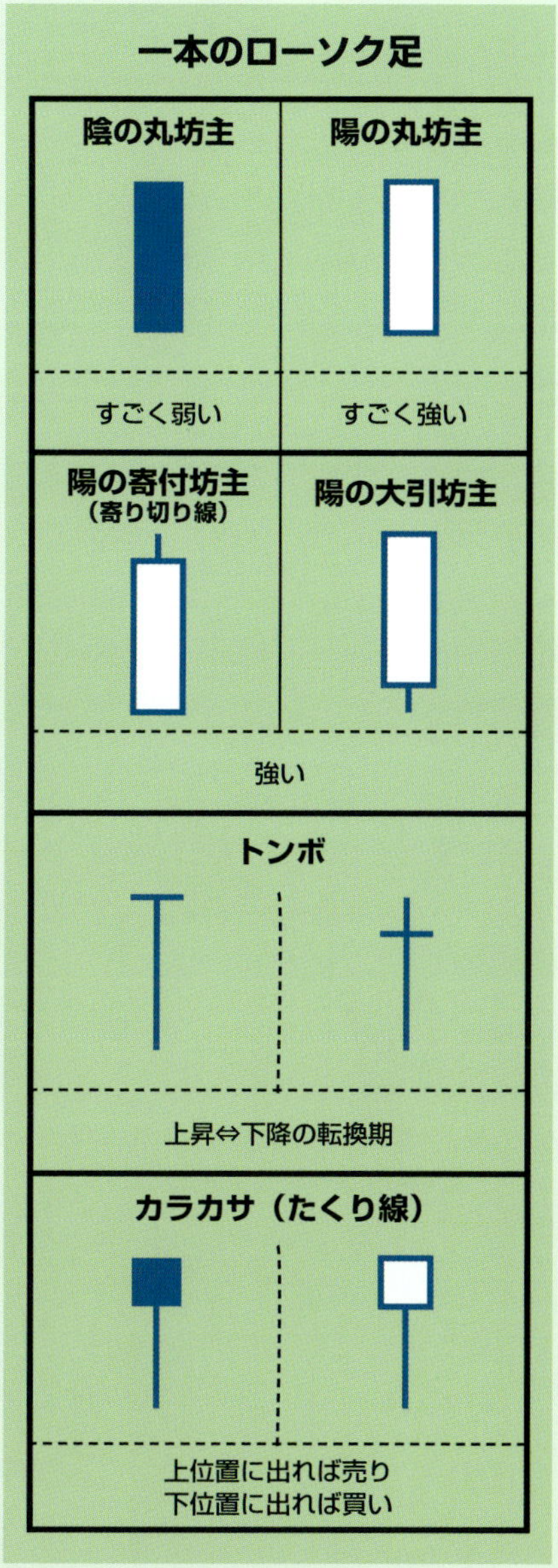

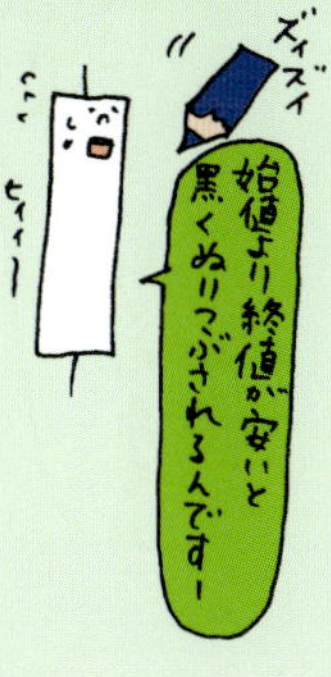

2 売り・買いのサインはここだ

高値圏での長い上ヒゲは天井シグナル

ここからは、ローソク足で売り買いのタイミングを図る方法を見ていきましょう。

売買のキホンは「安くなったところで買い、高くなったところで売る」でした。124ページでご紹介したローソク足を見る場合の基本確認を普段からやっていれば、「安いところ」「高いところ」の見当はつくようになります。それだけでも十分なのですが、ローソク足には「天井」「底」「転換点」で特有なシグナルがある、といわれます。それを参考に、売買の成功確率を高めていきましょう。

相場の高値を意味するのが「天井」、安値を意味するのが「底」。その途中で相場の方向が変化するのが「転換点」。いずれも需給関係や投資家心理に大きな変化が

上昇相場の後の長い上ヒゲはピークを表す

現れることで、ローソク足にも特有な形が出現する、といわれます。

まず、株価が一定期間上昇を続けた後の高値圏で長い上ヒゲを付けたローソク足が現れたら、天井圏を示唆するシグナルと見なされます。

エレコムは2012年4月、2カ月近い上昇相場の後、ローソク足週足で長い上ヒゲが現れました。これは、この間の相場で株価が7割ほども上昇したため、売り勢力が台頭して形勢が逆転したもの、と判断していいようです。長い上ヒゲ足が出現したことで、その後には買い方も撤退に動き始め、急速に力関係が変化したため、ほぼ元の水準まで株価は戻ってしまいました。

安値圏での長い下ヒゲは底入れのシグナル

逆に、安値圏での長い下ヒゲは「底入れ」のシグナルになります。トヨタ自動車は2011年11月に長い下ヒゲ足が現れて、典型的な底値形成となりました。この時ちょうど業績見通しが下方修正されるという環境でしたが、それで悪材料出尽くしとなったようです。2

下降相場の後の長い下ヒゲは底打ちを表す

下ヒゲのない寄り切り線で急騰相場へ

013年3月期は大幅増益見通しです。

この底値圏での下ヒゲ足を「たくり線」ともいいます。古い井戸に落とした釣瓶《つるべ》を手繰り上げるような形、と昔からいわれています。

一方、工作機械メーカーのツガミは2011年12月に寄り切り線（始値と安値が同値の寄付坊主という線）が出現し、急騰相場に移行。このローソク足は相場の転換点を示唆する線となりました。寄付坊主というのは下ヒゲのない陽線。ヒゲがあるかどうかが相場判断の分かれ目になる典型です。

また、このツガミのチャートにもあるように、長い陽線はそれだけで相場上昇の勢いが強いことを示すものです。しばらくもちあいが続いた後や下落相場の後で出現すると、相場の転換点になることがあります。逆に、長い陰線は下落相場への転換シグナルになりやすいようです。

こうしたローソク足のシグナルは見る人の主観によるところもあって、100%確実と言い切れないところが難点ですが、経験則からは出現頻度も高いようです。こうした足型が出現したら「売り」「買い」を検討してみる、といった態度がいいかもしれません。

上昇・下落のトレンドを見極めよう

さて、ローソク足から頭を切り替えて、株価のトレンド変化という観点から売買のタイミングを探ってみましょう。

相場には「上昇トレンド」「下落トレンド」「もちあい」の3つのトレンド（正確には2つのトレンド。それと、どちらにも属さない「もちあい」）しかない、といわれます。

相場を見るときに重要なのが、上昇・下落のトレンドが形成されているかどうか。トレンドが形成されている時の株価は、その途中で上下動しながらも、最終的には上昇か、下落かの一定の方向に動いていくものです。上昇トレンドの途中では「下がって」「上がる」を繰り返しますが、必ず下値を切り上げていきます。逆に、下落トレンドの途中では「上がって」「下がる」を繰り返しますが、これも結局は上値を切り下げることで下落相場が続きます。

トレンドの転換点を見極めよう

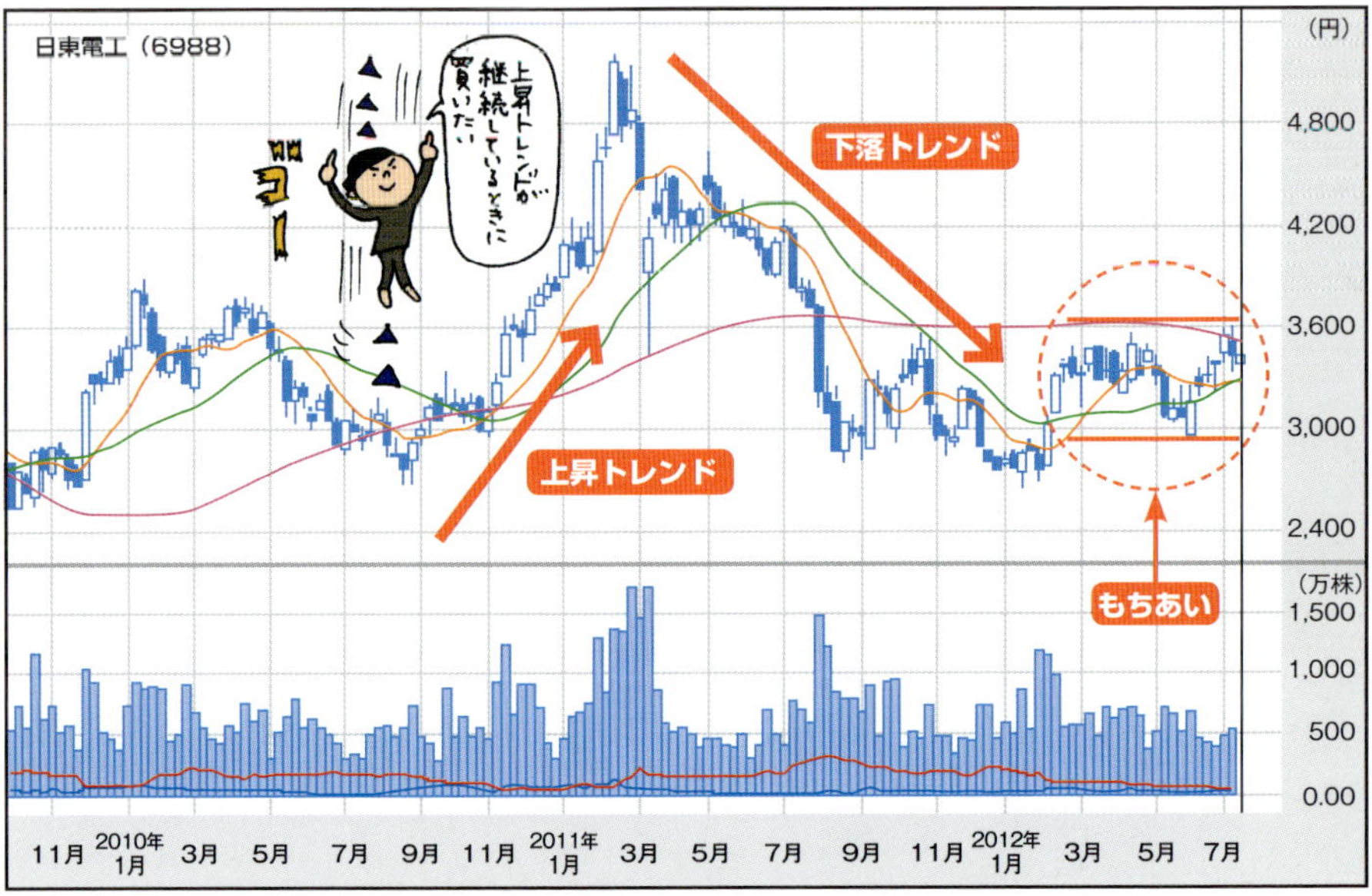

上の図は日東電工の2009年秋以降の動きですが、2010年8月～2011年2月は上昇トレンド、2011年3月～2012年1月は下落トレンドの期間と見ることができます。その後の時期は「もちあい」ですが、これは次のトレンドが始まるまでの準備期間、と見ることもできます。

ここで大事なのは、上昇トレンドの時期は、途中で一時的に下げることがあっても再び前の高値を抜いてくること。こうした相場では売りのタイミングをできるだけ遅らせたほうが儲けは多くなります。一時的に下げたタイミングを狙ってうまく買えば、短期的にも効率のいい投資ができます。

逆に、下落トレンドの途中では、上昇しても上値は低く、成果は多くありませんから、できるだけ買いの時期を遅らせるのが鉄則となります。下落トレンドはそのままではずっと下げが続くわけですから、保有株があるなら売りを急がないと評価益がなくなり、損失が拡大する最悪のパターンに陥ってしまいます。

トレンドの転換点では注意しなければいけません。特に、この日東電工のケースのように、上昇トレンドが